꽃길만 걷자！

只走花路吧！

图书在版编目（CIP）数据

韩国旅本 / 龚玲著；番外旅本编辑部编. — 广州：广东旅游出版社，2018.8

ISBN 978-7-5570-1371-4

Ⅰ. ①韩… Ⅱ. ①龚… ②番… Ⅲ. ①旅游指南—韩国 Ⅳ. ①K931.269

中国版本图书馆CIP数据核字(2018)第114246号

番外 · 旅本
总 策 划：刘志松
执行策划：殷如筠　梁翠珊
责任编辑：梁翠珊　殷如筠
摄　　影：全景图片网
手绘插画：Hayako
装帧设计：邓晓童
责任技编：刘振华　冼志良
责任校对：李瑞苑
* 本书地图仅用于景点示意

韩国旅本 HanGuo LüBen
广东旅游出版社发行
（广州市越秀区环市东路338号银政大厦西楼12楼）
邮购电话：020-87348243
广东旅游出版社图书网
www.tourpress.cn
佛山市华禹彩印有限公司印刷
（佛山市南海区罗村联合工业区西二区三路1-1号）
787毫米 × 1092毫米 32开 6印张 170千字
2018年8月第1版第1次印刷
印数：1-4000册
定价：40.00元

韩国旅本

龚玲 / 著

番外旅本编辑部 / 编

广东旅游出版社

中国 · 广州

KOREA

番外·小引

雕刻旅行时光

人生是一部大书，日常生活则是正文。

仅仅沉溺于执着于生活正文的进退兴废，跌宕起伏，生活职业化，算不上丰盛人生。

正文之外，还有番外。

旅行，算是人生番外的一种，生活的他方。

因此，圣·奥古斯丁在其蜚声于世的人生总结《忏悔录》中说：“世界这本书，不旅行的人只看到其中的一页。”

的确，仰观宇宙之大，俯察品类之盛，乐山乐水，游目骋怀，旅行，穿越人山人海，翻越世界很多面，足以拓宽人生的宽度。

但是，并非理所当然地一定能延展生命的长度和提升生命的纯度。

旅行有如读书，虽万卷阅遍然不知“破”，亦囫囵吞下仙人果，不解其味，二师兄是也。

旅行不二，不能走马观花，浮光掠影，换个地方吃饭，换个城市走路，上车睡觉，停车撒尿，下车拍照，回来啥也不知道。

今天，国人已经告别了赶鸭子上架的打卡时代，旅行升级到了3.0，目的地从省内到国内再到国外；装备从walkman到iPad，从数码相机到单反；方式从跟团游、半自助到全自助……

越来越多的人在追求有价值的旅行。

但生活正文之外，要真正写好旅行番外这篇文章，做好罗杰斯所说的人生最有价值的投资，如卡尔维诺所说“为了回到你的过去或找寻你的未来而旅行”，升级还远远不够，还需要改变更多。

因为，说到底，所有人的旅行，从本质上说，都是想通过空间的位移来赋予时间新的意思，把时间活成更好的时光，让时间散发出日常生活之外诗意的光芒和别处的智慧。

他不可辜负。

他需要优游，需要深入其里，反复求索和玩味，方得其中三昧和味外之旨，从悦目、悦心到悦神。“星河尽涵泳，俯仰迷下上”，真正的旅行者都是涵泳者。

他需要踏着下雪的北京，品尝夜的巴黎，拥抱热情的塔希提，湄公河上有邂逅……

他需要搜集地图上的每一次风和日丽，用心挑选和寄出纪念品，路过纽约地铁里湿漉漉的表情，错过布拉格广场上最后一道班车，见证世界上最危险的厕所和最美丽的天空……

他需要一段午后的时光、雨中的跫声、一次森林的迷失、青草更青处的漫朔……

他需要一本书、一支笔、一页纸、一杯摩卡，他需要揣摩、吟咏、记录、描绘……

没错，他需要路上有谦卑，“keep hungry, keep foolish”。

而这，就是我们所提倡的，所致求的，就是我们的“番外”精神。

番外，是我们致力打造的一个旅行品牌，只为最有价值的旅行而生。今天，当你读到这段话时，事实上，已经进入了我们的番外·旅本。番外·旅本，是一种图书和笔记本融合的跨界产品，既是一种精雕细刻的价值读物，也是一种用以记绘可以反复使用的环保记事本。总之，它是一种可以改变旅行态度和旅行方式的文创产品，提倡从脚下旅行、眼睛旅行、相机旅行到笔下旅行、走心旅行、创新旅行（“试图用能给世界一些新意的眼光来看世界”——凯鲁亚克），打造属于自己旅游传承的博物馆。

番外·旅本，雕刻旅行时光，不辜负每段旅程。

时间因雕刻而精致，岁月因记录而传承。

番外·旅本，欲承载人生更多的热爱和梦想。

这，真需要你我一同来完成。

刘志松

目录 CONTENTS

韩国° 博物馆

资讯° 微焦镜

城市° 丈量指南

韩国旅本

KOREA

极简韩国史

中国人最初了解韩国，是通过一部部悲情催泪的韩剧，大家一边跟着女主角抹眼泪，一边感叹着“何其多灾多难的人生！”然而这悲情比之朝鲜半岛上的多灾多难，相差不知几何。韩国，一个如今炙手可热、走在亚洲风尚潮流前端的国家，其历史却是一部实实在在的悲情催泪史。

众所周知，二战后的变局——苏联和美国的博弈造就了今天分裂的朝鲜半岛，一个至今封闭的朝鲜和时刻处于战争威胁下的韩国。自1948年至今，韩国立国短短几十年，它在大国夹缝中求生存的现状却自古皆然。翻开世界地图，朝鲜半岛的东面和北面矗立着国土面积是它100来倍的中国，北面有“战斗民族”——俄罗斯，西面是虎视眈眈的日本，而向南则是一望无际的广袤海域。

在几大强国的夹缝中求生存，历史上的朝鲜半岛君王不敢称帝，不断用和亲换取短暂和平。而山多水恶的自然条件，更是让其在农耕社会里处于不利地位。在韩剧《扑通扑通love》中有这样一个镜头：世宗大王为犒劳大臣们的辛苦工作，每年会给每个大臣分一个橘子。堂堂国家重臣，每年只能得到一个橘子，虽然未必完全符合史实，但韩国人自己拍的剧，不带揶揄地反映出了古代朝鲜半岛农业上的困境。

怀有远大抱负，却遭到残酷现实的打击，这种精神状态长期郁结于心，又一代代传递下去，不断发展演化，竟渐渐形成一种恨的文化。

随着卫满推翻古朝鲜政权，汉武帝东征朝鲜设立四郡，半岛进入了“分久必合，合久必分”的快速更迭状态。此后“高句丽”“新罗”“百济”相继兴起，三分天下。一开始三足鼎立势均力敌的挺好，可是唐朝忍不住了，一定来掺和一脚。和新罗联手先后灭了“高句丽”和“百济”，从此半岛进入了统一的新罗时代。新罗面对这样强大的盟友既欢喜又害怕，最佳的策略还是卖乖装小弟，将唐朝的大腿紧紧抱住，什么医学、天文、历法、儒学都要引进回国。最有趣的是汉字的引入，汉字发音和语序和韩语完全对不上，又非常难掌握，朝鲜民族竟然用了几百年。直用到了15世纪，面对全国如此多不懂书写的百姓，世宗大王实在看不过眼，经过不懈的努力，最终创造了“谚文”，也就是现在看到的非常可爱的韩文。

统一的新罗好景不长，逐渐在起义和暴动中崩塌，半岛又进入了一段混乱的“后三国时代”，中间出现的大小政权无数，最终还是高丽比较厉害，完美逆袭重新统一半岛。统一后的高丽对内大力发展生产，摆脱战乱的阴霾；对外仍是小心着各方政权，同时抱紧宋朝老大哥的大腿，没想到却不小心惹上了契丹，40万大军入侵高丽，一直打到首都开城，一路烧杀掠夺，很是惨烈。后来又被女真割断了与宋的联系，受到孤立，国力逐渐衰弱。

正值高丽国力日渐衰微时，蒙古人却像噩梦一般崛起，蒙古数征高丽，一次比一次猛烈地烧杀掠夺。高宗时期为借助佛法降伏蒙古军，主持雕造《大藏经》，可是这部历时16年雕著的《八万大藏经》并没能抵挡住游牧民族的铁蹄，最终逃不出君王称臣，异族通婚，子嗣变人质的悲惨境遇。不过后来高丽出了一个元朝皇后——“奇皇后”，折腾到蒙古灭国，也算报了当年高丽备受欺辱之仇了。

后来的朝鲜王朝时期，先有“世宗大王”的英名治理，后有李舜臣将军英勇抗击日军，让半岛处于较为平稳的状态。但到朝鲜王朝晚期，由于闭关锁

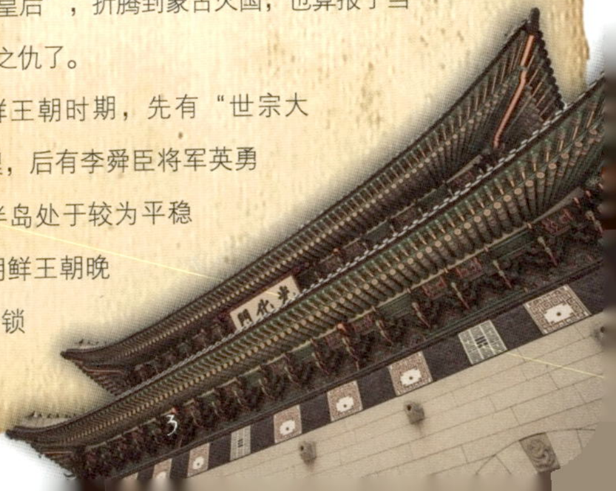

国，逐渐落后。此时日本却借助明治维新而实力大增。“乙未事变”，日本右翼暗杀明成皇后，1910年高宗被逼退位，直至到1945年，这长达35年里，朝鲜半岛变成了日本殖民地。这是半岛最屈辱的一段历史，景福宫被烧，大量文物被毁，韩语被禁用，反抗被镇压。

这种民族消亡的危机感和文化被毁的痛楚感太过强烈，谁来保护这个跌跌撞撞成长的孩子呢？文化需要传承，语言要被保护，还要建立稳定的地下组织，这些诉求在原有的“儒学”“佛学”中得不到满足，这时基督教发挥了重要作用，教堂成了根据地和前沿战线，一方面帮助穷人，保护韩国文化；一方面积极营救知识分子，组织各类抗争活动。朝鲜民族仿佛抓到了最后一根救命稻草，从此基督教在半岛得到飞速发展，目前已是韩国第一大宗教。

再后来的故事大家应该非常熟悉，二战结束了，世界都在庆祝胜利，而朝鲜半岛却进入另一场战争，南北分治，骨肉分离，多少个家庭被拆散，多少亲人至死不得见。可是这样的痛苦，这样的决定，他们又无法做主，大国博弈，他们全然没有发言的余地。

朝鲜民族一直是一个怀有远大梦想，却遭遇残酷现实的孩子。现在的韩国虽然富强了，但是“恨”的文化还在骨子里。这样的“恨”并不是“仇恨”的“恨”，更像是一种悲哀、痛苦、怨恨、悔恨、自责。这是一种暗暗咬牙攥紧拳头的“恨”，像一颗在心里发芽生根不断壮大的种子。种子的内核包裹着从古到今多少无法实现的梦想、多少无奈和多少遗憾呢？可是这样的“恨”，它不是一个毒瘤，一个顽疾，它是一颗种子，所以它会滋生起希望、催生着努力和永不服输的力量，这才是朝鲜民族的“恨”文化，这样的“恨”是有生命力的。

PS，以上部分内容可能涉及“我”的邻居哦！

韩国。博物馆

这里是韩国

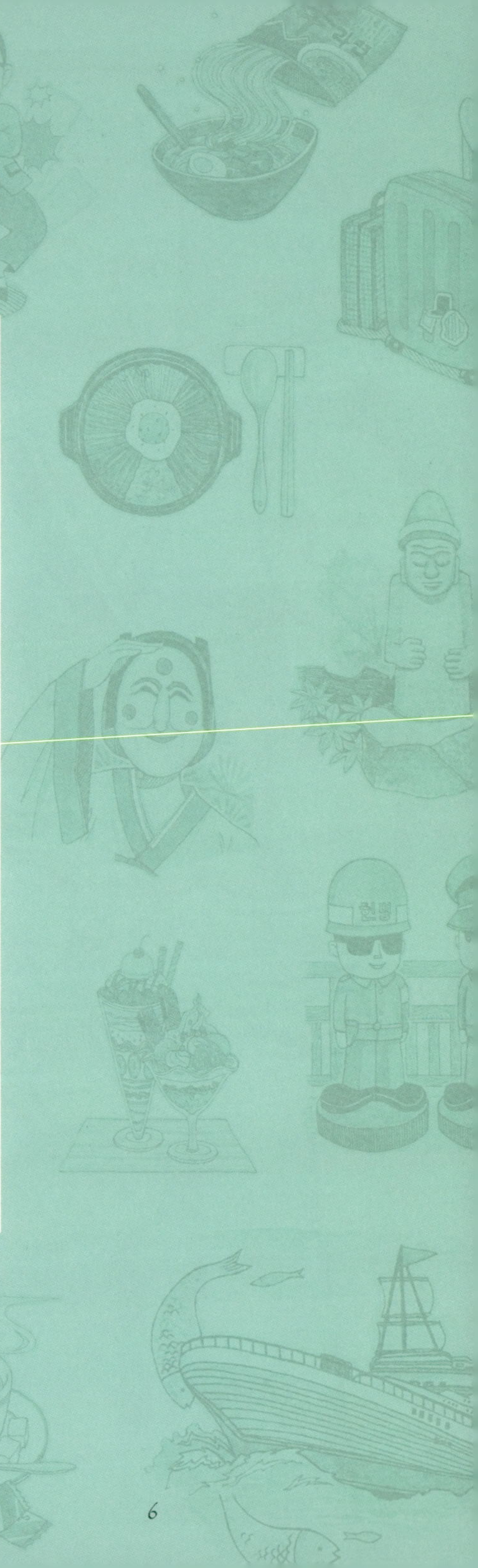

开了又开的无穷花

“锦绣江山三千里，无穷花遍野盛开”。

这是韩国国歌中被反复吟唱的句子，是韩国人最爱的无穷花。爱它朝开暮落，似日月的流转，四季的轮回；爱它满树满树地锦绣绽放，似如火的热情，勃勃的生机。爱它荣落一晨却宠辱不惊，似温柔的坚持，深情的守候。

无穷花契合了韩国人矢志弥坚、热情如火的民族性格，既是花魂，又为人品。

韩国人坚韧，举世闻名。还记得1998年的亚洲金融风暴吗？当“金融大鳄”索罗斯翻云覆雨般搅动着亚洲金融市场的时候，带给韩国的是大规模企业倒闭，韩币贬值，经济萧条。在金融海啸肆意咆哮时，韩国人选择逆流而上，发起了轰轰烈烈的“捐金救国”运动，用保值的黄金换取贬值的韩币，爸爸带着年幼的女儿，儿子搀扶着年迈的母亲，一个个家庭在银行门口排起了长龙，主妇们更是将自己积攒了一辈子的金银首饰捐献出来挽救国难。几百万普通的韩国民众凝聚和爆发出令人敬畏的力量，硬是扛住了金融风暴的冲击。

如果说坚韧是融入骨髓的民族性格，那么热情则是韩国人最好的名片。

韩国人的热情，从他们说话中就能感受得到，发音响脆、语调轻扬，抑扬顿挫交替变换，富有天然的节奏感。特别是年轻的女孩子，努嘴娇嗔拖着略显夸张的尾音，让人心头一暖的同时心情也跟着欢快起来了。无论是在商场购物，还是去餐馆用餐，服务生的语气从来不是冷漠单调的，而是略带自豪地介绍着自家的好物良品美味佳肴，态度好得仿佛在迎接久违的老朋友。就连语言不通的出租车司机也喜欢攀谈几句，轻松自然，留心照顾着你初到异乡的内心感受……

虽没有牡丹的雍容、玫瑰的浪漫，仅凭着那份认真和坚毅，也可以活出自己的风采，无穷花如此，韩国人也是如此。

枫叶红了，最适合爬山

秋天之于韩国，与其说是一个季节，倒不如说更像是造物主的一场梦。

天空渐渐升高，云朵也散开了，露出大片大片的湛蓝；舒爽的秋风，吹走了一夏的细尘，空气好得仿佛被洗过一般；秋水更是澄澈，溪泽清冽，水露而石出。而在这纯净的背景之下，最让人惊艳的，要数山林之中那满树的红枫了。远远望去，是漫山火红层林尽染的壮丽；置身其中，则叶落纷纷，如万蝶飞舞的凄美。

韩国四季分明的季风气候，让枫叶的颜色得以积累，爆发出最绚烂的红；而山多林茂的地理特征，更成就了许多登高望远欣赏红枫的圣地。在江原道的雪岳山，欣赏最早转红的枫叶；去庆尚南道智异山，看流云在红枫中穿行；登全罗北道的内藏山，走一走百年枫树组成的枫林隧道；来京畿道的南怡岛，探访众多韩剧中的浪漫秋景。当然，如果不想走太远，在首尔市内也能欣赏到绝美的枫景，昌德宫秘苑、德寿宫石墙路、成均馆大学路、新沙洞林荫树路、延世大学和南山塔都是赏枫的好去处。

在醉心于美景的同时，爱热闹的韩国人又怎会少了庆典活动呢？日子刚刚转入9月，各地的民众就已按捺不住，开始张罗起来了。韩国的庆典十分有趣，精彩纷呈，不仅可以欣赏到原汁原味的传统表演，体验韩国最顶尖乐团的劲歌热舞，更有许多让游客参与的项目，如挖人参、腌泡菜、滚泥浆、斗风筝等，在大呼过瘾的同时，真正体会到韩国文化的独特魅力。

收下满山的红叶，寄走无限的相思。在最梦幻的日子，邂逅韩国的秋天……

清溪川边上有菇凉

无论是看着裴勇俊长大的80后，还是嚷嚷着爱元彬的90后，或者最近到处喊宋钟基为老公的大妈大婶，在韩国总有一款欧巴圆你的美梦。美好的爱情需要浪漫的布景，在韩剧众多取景地中最为人熟知的还要数清溪川。

清溪川是众多韩剧的取景点，包括《绅士的品格》《城市猎人》等热播剧，浪漫的清溪川将男女主人公唯美的爱情推向高潮，这是高富帅长腿欧巴向具有先天身体或性格缺陷的女主角表白的好去处。

说起韩剧就永远绕不开“王子和灰姑娘”的模式，如果不是也是该模式的n+1次变种。女主角无一例外，都是普通人，她们或美丽善良，或勇敢坚毅，或调皮狂野，她们的生活都被过滤和净化得只剩下爱情。即便编剧稍微动动脑子，增加了“事业的沉浮”“人生的迷惘”和“个人成长”等情感线，如热播的《来自星星的你》和《太阳的后裔》，可女主角偏偏就有为了爱情毁掉一切剧情的能力。不过倒也契合了韩国人能把一切剧情看成爱情剧的观影特点。

抛开韩剧女主角的各种缺陷，韩剧的男主角却个个都是成功人士，外形上清一色是宽肩细腰大长腿，浓眉魅眼皮肤嫩，动不动还

秀一下肱二头肌，性格上温柔细腻又不失霸道顽皮，最重要人家还是各个行业的翘楚，还有一大笔家产等着继承。回头对比自己身边那些秃顶的啤酒肚们，只要不是神经错乱的女人，怎么会不被男主角迷倒呢？

韩剧将爱情拔高到令人倾倒的境界，然而现实中韩国人晚婚不婚现象非常普遍，离婚率更是居高不下。都说转角遇到爱，美丽的清溪川旁又有多少期待爱情的菇凉在独自徘徊呢？

Tips

必去韩剧、综艺节目拍摄地

小法国村：取景韩剧包括《来自星星的你》《秘密花园》《个人取向》《贝多芬病毒》《Running Man》。

南怡岛：取景韩剧包括《冬季恋歌》《我们结婚了》。

韩国民俗村：取景韩剧包括《大长今》《成均馆绯闻》《阿娘使道传》。

北村韩屋村：取景韩剧包括《她很漂亮》《继承者们》《来自星星的你》《个人取向》《你为我着迷》。

汝怡岛公园：取景韩剧包括《无限挑战》《Running Man》《城市猎人》。

现在是，全民偶像时代思密达

现在如果不能随口说出几个韩国明星的名字，不了解时下最热门的韩剧，真的都不好意思说自己是一个fashion的年轻人。随着韩流一次又一次地袭来，中国的女人们也换了一波又一波“老公欧巴”。

韩流的猛烈也敲醒了国内明星，选择韩国出道、回国赚钱也是不错的路子。在娱乐产业完善的韩国，对不同潜质的明星，都有一条清晰的发展路线。如果长得美，可以当演员；嗓子好的，可以当歌手；只是跳舞好呢，还可以跟着各种组合出道；要是很不幸都不沾边，那还有搞笑艺人的路子给你选，实在不行，还有各种韩综可以选，卖卖苦力混个脸熟，说不定哪天也会被观众喜爱呢！

据说韩国明星一来中国就画风不对了，而中国明星一到韩国，各个都清新脱俗起来，这样的大转变，除了整容业的功劳，更重要的是韩国有一批非常会磨皮打光的摄影团队，但这样也抹去了韩国明星作为普通人的权利——不化妆不能随便出街，机场等地不能随便给人拍到脸，身材更是绝对不能走样，顶着“国民老公”称号的明星，只能牺牲自己恋爱的权利，而想要做“国民女神”，那得先练就一身逆生长的本领。越是仙气十足，越是不接地气，就

越会被粉丝们奉为偶像，疯狂追捧。在这样的高压下，明星们要时刻保持高警惕的状态，SM公司一句“东方神起要向成熟方向发展”，就让允浩拔掉了健康的虎牙，而换上烤瓷牙，而SJ成员金希澈，更是在车祸骨折的情况下，也要咬破嘴皮保持清醒，不让媒体拍到丑照。

韩国艺人，他们在用自己的汗水和努力，为整个亚洲献上一场全面偶像思密达的狂欢。

欧巴，不能光看脸

只要有朋友在微信发几张在韩国旅游的照片，总会有几个“损友”留言——“亲故呀，别回来过不了海关（由于中国赴韩国整容人数较多，据传闻有人因整容过海关受阻）”。虽然一边心里痒痒想打人，连忙回复“自然美”，但还是免不了对这股势不可当的赴韩整容风潮充满了好奇。

首尔，可以最大限度满足你的好奇心，这里有全世界最大的整容一条街狎鸥亭，在这方圆不到两公里的区域，密密麻麻地分布着200多家整容医院，为了欢迎中国游客，许多店铺都拉起了“欢迎中国游客”的中文横幅。

韩国整容业萌发于朝鲜战争时期，许多国外的医生被派往韩国为士兵做烧伤和五官损伤修复。其中一个叫“拉尔夫·米莱”的医生，突发奇想尝试给韩国人做双眼皮手术，韩国人这下可乐坏了，几千年来这个民族的单眼皮外貌，终于找到了改变的方法。正是这一批医生，带来了韩国整容业最开始的启蒙，也为韩国整容奠定了技术基础。

其实韩剧能如此受欢迎，韩国欧巴能风靡亚洲，除

了整容带来的靓丽容颜，更和韩国人高标准的自我形象管理分不开。当国内男人还在光着膀子撸着串，大金链子小手表的时候，韩国欧巴们可都在运动场上挥汗如雨，在健身房里增肌减脂呢。不要说去明洞、弘大、江南等年轻人聚集的地方，就是随便在地铁上遇到的人，也个个既有颜值又有礼貌，男人穿着简约时尚，一脸阳光，女人妆容精致，温婉优雅，分分钟让你产生生活在韩剧中的错觉。

人生还有种出路在教堂

褪去日常的琐碎，洗尽都市的浮华，空出一个阳光明媚的午后，全家人一起来到教堂礼拜，韩国人喜欢用这种优雅宁静的方式结束一周的生活。

韩国的教堂非常多，几乎每一个社区都可以寻到。有经验的游客，经常是不开导航，不记路牌，先记下住所附近的教堂。它们是天然的路标，装饰霓虹灯的巨大十字架在夜晚非常容易辨识，仿佛在首尔这张大地图上竖起的一个个小红旗，找到它们便不会迷路了。

韩国人似乎有种魔力，可以将外来的文化迅速本土化，在基督教传入韩国短短100多年中，教堂在韩国人的手里已悄然发生了变化。与欧洲教堂恢宏古典的哥特式外观不同，韩国的教堂更多地采用混凝土外露的时尚设计，彻底颠覆了人们对传统教堂的刻板认识。功能空间划分更是独具韩国特色，楼顶种上花草，围起玻璃房，便是露天咖啡厅；室内篮球场、娱乐室、音乐厅一个都不能少；甚至连阿祖妈（韩国人对已婚女士的称呼）喜欢的热炕屋也要准备下，上帝看了这场景，也要忍不住体验一番吧！

在日军占领时期，教会曾如同堡垒一般，抵挡殖民教育的侵蚀，争取着使用韩语和韩文的权利；在独裁统治期

间，教会则是启蒙运动的发源地，多少文人名士在这里吼出对民主自由的渴望，深刻地改变了人民的思想；当韩国经济腾飞之后，教会又变成了救赎心灵的方舟，收留着那些疲惫漂泊的灵魂，让他们得以重拾生活的重心，体味简单宁静的幸福。

罗曼·罗兰曾说过，居于一切力量之首的，成为所有一切源泉的是信仰。

亲故呀，让我们去喝一杯

韩国有句俗语“비오는 날엔 술 마셔야 되”，意思是“下雨天要喝酒”。《来自星星的你》热播后，千颂伊的一句“下雪了，怎么能没有炸鸡和啤酒？”硬是将韩国人古老的民俗发扬成风靡亚洲的时尚。

其实无论下雨天还是下雪天，韩国人喜欢的都是喝烧酒而非啤酒。韩国人对烧酒热烈的爱，让这个人口仅有五千万左右的国家，喝出了全世界销量第一的酒类品牌。这个品牌就是Jinro Soju（中文译名为真露），在过去11年间成为全球销量最高的酒类品牌，在韩国各地都可以看到它的身影，甚至在一些景区人们用喝光的真露烧酒瓶堆成巨大的立体雕像，供游客参观。

“酒越喝感情越深”，没有什么事情是喝一顿酒解决不了的，如果有那就喝两顿。韩国深受儒家思想影响，长幼尊卑有序，在酒文化上则体现为第一桌酒一般是长辈先给晚辈倒酒，晚辈在接酒的时候，必须站起来或跪着，在接过长辈倒的酒后要站着背过脸去，把酒喝光，然后方可重新入座。晚辈要给长辈斟酒，必须要双腿跪着，先给长辈行个礼，这样长辈会主动把他的酒杯拿出来让你给倒满。同时按照传统，不应该自己为自己倒酒。

在韩国喝酒还要了解“炸弹酒”和“二茬酒”。啤酒混合烧酒或鸡尾酒制成的“深水炸弹”，韩国人有时会一口喝干，以此表现出自己的诚意。“二茬酒”多指韩国人喜欢不停更换场所的喝酒习惯。说是二茬酒，其实多数韩国人会从一茬喝到四五茬，然后一直嗨到天亮。

Tips

烧酒

烧酒是用蒸馏法制成的酒，主要原料是大米，通常还配以小麦、大麦或者甘薯等。常见烧酒酒精浓度大约在20%到35%之间，好一些的则在45%以上，例如安东烧酒（Dongdongju）和白烧酒。

酒桌游戏

韩国酒桌游戏很多，如“十五二十”“数青蛙”“草莓游戏”等等，具体玩法不一一介绍，基本都是以罚酒为目的。玩游戏是为了调动气氛，等大家兴致起了，就转向以聊天为主，谈谈人生谈谈感情。

半岛有八道，此处存五品

“朝鲜八道”是朝鲜王朝时期行政区域的划分，又常被用来泛指朝鲜半岛。后来半岛沿着三八线南北分治，三八线以北的咸镜道、平安道和部分黄海道、江原道、京畿道划归朝鲜，三八线以南的忠清道、庆尚道、全罗道和部分江原道、京畿道、黄海道属于韩国。忠清、庆尚、全罗又分为南北两道。

“朝鲜八道”各有特色，由于历史上分分合合政权交替，加之人文地理各具特色，各道居民对其他地区的人总是怀着一种有趣的刻板印象。京畿道被称为“镜中美人”，指善于言谈、社交，但举止有些轻浮，心理难于捉摸。忠清道是“清风明月”，指性格爽朗文静，举止端庄，不爱争论，但过于偏爱安逸。庆尚道为“泰山峤岳”，指自尊心强，行为果敢沉着，但太爱面子，容易忽视别人的利益。全罗道

为“风前细柳”，指言谈举止温文尔雅，办事细心谨慎，为人圆滑，八面玲珑，善于应酬。江原道为“岩下古佛”，指温和善良，朴实无华，但欠果断。平安道为“猛虎出林”，指勇猛而急躁，有拼搏精神，但不够沉着。黄海道为“石田耕牛”，指能吃苦耐劳，勤勉认真，但安于现状。咸镜道为“泥田斗狗”，指性格顽强，不怕吃苦，不达目的不肯罢休，但过于偏执。

“镜中美人”“清风明月”“泰山峤岳”“风前细柳”“岩下古佛”“猛虎出林”“石田耕牛”“泥田斗狗”，正可谓是有山有柳有美人，猛虎耕牛和田狗。不得不佩服古人的想象力，如果在脑海中将别名与地理位置一一对应，真是一张生动有趣的风土人情图啊！

韩国。博物馆

韩国顶级目的地&行走体验TOP20

NO.1

韩国传统文化一条街——仁寺洞

“仁寺洞”之于首尔，就好比“琉璃厂”之于北京。同样是古色古香的建筑，同样是文人骚客饮酒赋诗的雅居之所，也同样流通着古老而珍贵的传统工艺品。不同的是两个国家近千年的历史脉络，是文化衍生出的各具特色的传统之美。

有人说，旅行便是离开熟悉的文化，去感受全新的文化。所以人们热衷于探访名胜古迹，去倾听一个民族最古老的乐曲，或是穿上独具特色的传统服饰，细细品味异域文化带来的无限乐趣，仁寺洞可以给你带来这样的乐趣。

行走在仁寺洞的小巷中，总有惊喜在等着你。满眼望去是精致的韩国工艺品，有穿着传统韩服的布制人偶，针脚细致的绸缎荷包，还有意境幽远的字画折扇，色彩明亮造型优美的陶瓷器。其中最有趣的还要数每家店门上挂起的一排排木制假面，假面用色极鲜艳，表情或横眉怒目或龇牙咧嘴极

尽夸张之能事，假面普遍使用于传统舞蹈中，或针砭时事，或讲诉风土人情，在夸张的面具下流露的是朴实真挚的情感。

在仁寺洞每一件工艺品背后，都有着一个悠久的故事，等待你去发掘，它们带着历史的气息，赫然地出现在我们的面前，将我们的心带到了久远的年代和古老的生活中去。

NO.2 西

北村韩屋村，细细品味

如果你摊开首尔地图，在清溪川的北岸，便会发现三块非常抢眼的不规则绿地，靠西的一块是景福宫，靠东边的两处分别是昌德宫和宗庙。如果用一支红笔将三处绿地连起来形成一个三角形，那么请仔细看，在三角形的中央地带，便是有着六百年历史传承的北村韩屋村。

即使不懂风水的人也可以看出，北村地理位置之优越，像被三个皇家园林捧在手心一般，难怪这里至今都可以远离喧嚣，保持着优雅古朴的面貌。曾有人总结过北村八景，什么“景德宫全貌”“苑西洞作坊街”“嘉会洞11号”“嘉会洞31号”“嘉会洞小巷路（走下去）”“嘉会洞小巷路（走上去）”“嘉会洞31番地”“三清洞石阶路”。如果你真的来到了这里，你会忘记这八景的划分。这里的每一块青石，每一处飞檐，每一个院落都让人看不够。幽深的小路，青瓦与飞檐，沿着小路一直延伸下去。木制的窗子像在接力似的一排排展开着，层层叠叠的屋顶，像宫女高高梳起的云髻。不，应该说它们就是一个个美丽的女子，等待着你去欣赏，等待着向你诉说她们深藏已久的心事。

若是赶上冬季，天气总是晴朗的，高低错落的古屋上停着薄薄的一层雪，阳光投射其中，变化着明暗的节奏，雕刻着空间的结构，真是美极了。真想给天空盖个邮戳，将此情此景寄予远方的朋友。

在北村每一栋房子都有故事，每一条小径都是历史。在小巷的深处，总会有一两枝木槿花，俏皮地探出了墙头，迎着风在向你招手，快来屋里坐坐吧，醇香的春茶早已备好，香甜的点心都已摆齐，就等着你一起来消磨这个宁静闲适的午后呢。

NO.3

带着永恒的爱，一起去南山塔

地标对一个城市的意义，就像月亮之于黑夜，钻石之于宝冠，它不仅是一座城市的象征，见证着一座城市的沧桑变迁，更将柔情和浪漫注入一个城市的生活之中。

南山塔便是这样一个充满浪漫想象的地标，又称首尔塔，它坐落在景色优美的南山山顶，有缆车往返于塔身与城市之间，如果不是很着急，选择徒步路线，一边爬山一边欣赏南山的美景也是不错的选择。或者在忠武站附近，跳上一辆观光公交，穿过拥挤的城市，沿着盘山的公路，一路颠簸上来。

日出日落，在城市流转变幻的无常中，唯有那座高高耸立的铁塔在默默守护，给人以慰藉。也正因为如此，无数青年男女都喜欢来到首尔塔下表白，暗暗期望着可以将爱的誓言和南山塔一起，写入这个城市的记忆之中。南山塔也配合着人们的心愿，在塔底的平台上，是挂满同心锁的许愿墙，锁上写着恋人们地老天荒的心愿。许完愿凭栏远望，整个首尔尽收眼底。这样浪漫美好的地方，听说连外星人都教授也忍不住带女友过来，在许愿墙上系一颗同心锁，在首尔夜色的深情中，捧起千颂伊的美丽脸颊，此情此景便是永恒。

不知早已飞回外太空的都教授，是否能凭着南山塔在宇宙中微弱的光点，重新回到女神身边呢？

NO.4

感受济州岛的休闲时光

在中国人眼中，韩国就像太平洋上大了一号的岛屿，这个国家被海包围着，自然少不了阳光海滩了。在韩国众多滨海度假胜地中，济州岛是最知名、最特别、风景最美的一个。

济州岛的四季都是热闹的，阳春三月，岛上的樱花和油菜花遍野盛开，在一派欣欣尚荣的氛围中迎来一年中最盛大的春日庆典；盛夏七月，

碧浪白沙，巨大的海湾被海水洗刷得干净透亮，这时参加浪漫的沙滩音乐节和各类捕鱼活动都是不错的选择；金秋十月，紫芒花的盛开，海风吹过，细长的花茎带着流苏般的花头不断摇摆，在一望无际的花田掀起阵阵巨浪，十分壮观；隆冬一月，白雪皑皑，这时最应该去挑战自己，爬一爬海拔1950米的汉拿山，领略千里冰封、万里雪飘的绝美景色。

除了迷人的景色，济州岛的美食也是一绝，在这里可以吃到最原汁原味的韩国料理，食材多是岛上自产的，绿色天然。除了参鸡汤、泡菜锅、韩定食、韩式炸鸡、紫菜包饭等传统美食，济州岛最让人叫绝的要数炭烤黑土猪了。黑猪都是自然散养，充足的运动空间和天然的食物让黑猪肉质非常鲜美，再辅之烟熏宰杀，全草褪毛的独特方法，让草的香气可以沁润到猪肉里，隔网煎烤，外焦里嫩，香气四溢，味道别具一格。

碧海蓝天、沙池岬地，在济州岛有最动人的风景，放纵着最休闲的度假时光。

NO.5

景福宫，触碰历史的故事

如果你是怀着逛故宫的心思来逛景福宫，那你的民族自豪感绝对嗷嗷攀升，忍不住要昂首挺胸起来。

没错，与故宫相比，景福宫着实朴素了些。同样是位于北方的两处宫殿，就拿取暖来说，咱故宫取暖，那是富丽

堂皇、温暖如春的暖阁，慈禧老佛爷在暖阁中还悠闲地搬弄花草呢。到了景福宫，画风一转，取暖设施变为大东北最喜欢的“火炕”，准确说应该是地热，因为韩国的炕很矮，基本上就到小腿这么高，与东北的“火炕”还是不一样的。韩国的火炕铺满整个房间，要把鞋子脱在外面，推门就要上炕。看着景福宫的一屋屋地热，想象着韩国的殿下（전하）和娘娘（마마）们盘着腿坐在火炕上，一边唠嗑一边嗑着子的场景，真是特别接地气。

景福宫里有很多信息牌，上面详细介绍着火炕的取暖原理。韩国人也确实有趣，在这么一座帝王园林中，让游客一进来先研究火炕的构造，多少有点错位的感觉。

상상
나라
남이섬
古木

KOREA
2017.03

除了让人亲切的“火炕”之外，景福宫还是感受朝鲜历史文化的好去处。且不说雕梁画栋的古老宫殿，且不说完美复原的殿内陈设，单是看看每天整点举行的卫兵交接仪式，就已是满满的历史剧即视感。工作人员穿着古代卫兵的服装，佩着宝剑，举着幡旗，严肃认真地做完每个动作，非常入戏，真真如从历史中走出来的一般！

NO.6

乐天世界，刺激唯美和梦幻

如果你早过了对游乐场感兴趣的年龄，那么试试去乐天世界，也许会改变你对游乐场的看法。

在乐天世界里不仅有各种疯狂刺激的游乐设施，更有韩剧长腿欧巴们爱的记忆。其中最虐的一位便是《天国的阶梯》中的权相佑了，在乐天世界的旋转木马前，他一遍一遍深情告白，爱情带来的不真实感和眼前宛如童话的布景交织在一起，真的可以让人飘飘然。

在乐天世界里有世界上最大的室内主题乐园，里面分布着森林、峭壁、瀑布与河流，还有古堡、小镇和流动的花车，巨大的玻璃天空下飘着热气球，热闹的街市上旋转木马在不停转动，迷你小火车穿行其中。可这轨道怎么架到天上啦？童话的世界就是与众不同啊。

与室内部分的精致浪漫相比，室外的园区则更显刺激了，时速达100公里的垂直跳楼机——听过没有？动起来像龙卷风似的大摆锤——玩过没有？还有在空中360度旋转的特快彗星号——地球已经不适合你玩了！当然其中最刺激的还要数“云霄飞车”了，如果你看到前面的人都是一路欢呼，更有疯狂的人张开双臂迎接一个又一个陡峭的下坡，那么到自己的时候，往往是全程紧闭双眼，大气不敢喘一下，双手牢牢抓紧前面的座位，恨不得把头夹到两腿中间，努力让身体抱成一个球，以防被高速运动的飞车在数不清的急转弯中甩了出去。

乐天世界就是这样一个地方，有得疯，有得玩，有得看，还有得爱……

NO.7

江南*style*，
去体验最新的江南时尚

鸟叔一句“欧巴，Gangnam Style”，让首尔的江南区世界闻名。虽然现在这是首烂大街的歌，可是在它刚流行起来时，着实让人上瘾。强有力的节奏感、朗朗上口的歌词，还有鸟叔天下无敌的骑马舞，真是一个大写的魔性。

“欧巴，Gangnam Style”翻译过来就是“哥，是高富帅”的意思，歌中用“江南”来代表“高富帅”，足见江南在韩国人心中早已是“财富”“高端”“时尚”的代名词。江南顾名思义是指“汉江”以南，是首尔的重要商业地区，新沙、驿三、论岘、三成都是不少跨国企业的办公室所在地。

KOREA
2017.03
Hard Rock
CAFE
PKG. LIQUO

江南最著名的狎鸥亭，除了有整容一条街，还是著名的高级时装集中地，漫步狎鸥亭大街，各类名牌专卖店比比皆是，精美的服饰，年轻人喜爱的首饰、皮包及鞋帽遍布整个大街。如果不想买买买败败败，那么选择韩国人所谓的“用眼睛购物”也是不错的选择，走一路看一路，满心满足。论岘洞附近则聚集着大量的电影公司，想去围堵明星的记得先查好公司踩好点吧。

江南之旅除了白天的逛街觅食之外，精彩的夜生活更是不容错过。这里是韩国club聚集地，装修高端，音效、灯光都一级棒，最重要还有各种美丽“여자”（女子）。Club能如此受欢迎，还要感谢韩国超强度的工作制，韩国普遍实行每周6天工作制，日常人们工作压力非常大，所以周五周六来club放松一下，就成了首尔人最普遍的减压和社交行为。

当夜幕降临之时，舞池灯光闪亮，在DJ的带领下，尽情地摇摆起来吧。

NO.8

从弘益大学到梨花女子大学

每个人在旅行时都会有自己独特的小癖好，有些人的旅行从逛博物馆开始，有些人沉迷于地标建筑，也有些人专注于购物辗转于各大商场，当然也有人喜欢徒手攀爬到摩天大楼顶部，对着整个城市来一张自拍，还有一类人，他们喜欢探寻一个城市的知名学府。

在校园里走一走，听着学生们轻快的低语，或是到图书馆中，闻一闻纸墨散发的独有香气，心灵便会无比满足。

如果你是最后这类人，那在首尔一定要去弘益大学，看一看最前卫的美术作品，去梨花女子大学，赏一赏金秋的红叶。

弘大以艺术专业著称，整个校园就是首尔潮人的聚集地，这里有非常多的艺术展览，都可以免费观看。如果你是手工爱好者，那绝对不能错过每个周末的“Free Market”市集。市集每年从3月持续到11月，在这里淘好物是没有逻辑的，也许这一秒你还被一只造型独特的首饰吸引，下一秒就被造型可爱的手工娃娃给萌化了，看着满街独一无二的手工艺品，真是心痒手痒，迅速切换买买买的节奏。

逛完了弘大，再来梨大走一走，梨花女子大学以盛产韩国第一夫人著称，它也是韩国第一位女总统朴槿惠的母校。校园非常漂亮，古朴的欧式建筑在郁郁葱葱的树木中间若隐若现，著名的下沉式图书馆借着山势形成了一条壮观的玻璃长廊，图书馆顶部是如爱丽丝梦游仙境般小巧可爱的花园，非常精致。

大学是一个城市人文环境和教育水平的象征，流畅着自由的思想，捍卫着科学的严谨，为城市源源不断地输送新鲜血液，来校园里走一走，仿佛提前遇见了一座城市的未来……

NO.9

庆州文化遗址一日探险游

在庆州官方宣传海报上印着这样一句话：“请您到庆州旅游，成为历史中的主人公吧。”海报的背景便是赫赫有名的千年古刹佛国寺。的确，正如宣传语所说，只有来到庆州，才真正走入了韩国的历史。

庆州的历史要追溯到古新罗时代，它见证了新罗从一个籍籍无名的微弱部落，一步步成长为一度占据朝鲜半岛一半以上领土的大国。新罗那段光辉灿烂的历史在经历时间洗礼之后，变为青苔斑驳的古迹，向人们吐露着古老文明的秘密。

若想真正感知庆州的魅力，则要在短暂的时间里，向一千年前的时光前进，开始一场历史之旅。去千年王陵——大陵苑， 一边感慨着纵使王侯将相，也逃不过一人一个“土馒头”的结局，一边潜入天马冢体验探索古墓的刺激；在东方现存最古老的天文台——瞻星台，学习最古老的瞻星之术；还有国立庆州博物馆，即使来不及一一了解文物背后的故事，但是走马观花逛一圈也会有不少收获。当然别忘了去佛国寺和石窟庵，听一听古寺钟鸣，拜一拜石窟众佛，喝一口山泉，掸去满身的俗尘。

在庆州，56位君王在这里出生，又在这里被埋葬，他们的身影早已消散，他们生活过的轨迹却透过那些亭台楼阁，殿宇宫阙，透过数不清的历史遗迹，一直流传下去……

NO.10

南怡岛牵手，拥抱纯美之恋

南怡岛距离首尔63公里，不远也不近刚刚好，给想象留足了空间，让童话得以构建，是世人可以寻见的世外桃源……

就像每个童话故事都有一个迷人的开场一样，南怡岛也有这样一个开场，那便是《冬季恋歌》。已经不知道有多少人是为《冬季恋歌》而上岛，无论是光影斑驳的

“水杉林荫道”，还是初吻时堆砌的可爱雪人，抑或是红叶满地的江边小路，都变成了影迷们必去的朝圣地。在《冬季恋歌》里，“逃学的那个秋日午后，阳光暖暖的，撩拨得人也迷离了”，现实早已难觅了踪影，只剩纯粹绝美的所在……

“把杂草变成花草，噪音变成旋律。把野草变成纸张，风景变成韵致。”如此美丽的小岛，谁曾想它竟一度是只有土地与沙石的不毛之地，可是偏偏有人爱它，1965年，已故守斋闵炳焘会长辞去韩国银行行长一职，凑集退休金买下了这座沙岛，开始种植各种树木。后来又有作家、画家、雕刻家、环保人士、儿童工作者陆续来到岛上，凭着美好的愿望，将南怡岛变成了想象国度，变成了全世界艺术家和青少年朋友神往的童话圣地。

每晚，南怡岛十点会准时熄灭所有灯光，透过黑黢黢的树枝，让月光洒进来，让星光洒进来，让满心的浪漫流淌起来。

NO.11

三清洞、清潭洞，美好的小资情怀

每个城市总有那么几个非常小资的地方，它们散落在高楼大厦之间、隐匿于车水马龙的背后，它们是诗意生活的入口，是城市变幻的节奏中跳动的快乐音符，更是一场流动的精神盛宴。

三清洞和清潭洞便是这样充满情调的地方。

三清洞是一个集古典与繁华于一身的地方。这里自古就是上流阶级的居所，风水更是首尔最佳。这里至今仍保留不少李氏朝鲜时期兴建的韩屋，古朴的建筑结合了现代的装饰与灯光更显温馨浪漫；咖啡的香浓味道从一家店飘到另一家店，仿佛接力一样蔓延在整条街道；满街满街的银杏将午后的阳光揉碎了，合着片片落叶撒向悠闲自在的人们。这里聚集了一大批文艺青年，有手

工艺者、作家、画家、独立音乐人、茶艺师、烘焙师、花店老板、旧物爱好者，他们用心经营着自己的小店，用独特的创意和惊人的手艺诠释了什么才是真正的生活美学。

相较于三清洞，清潭洞的气质更像韩剧的布景。如同巴黎的香榭丽舍和意大利的米兰，清潭洞可谓是引领时尚潮流的中心街区，这里的店铺装修考究，各大奢侈品牌随处可见，SM、JYP、CUBE、FNC等娱乐公司更是集体在此扎根，这里还有韩国最大的美术市场，美术品竞卖公司、美术基金公司、国内外有名画廊、各类新概念画廊都云集于此地。大师云集，自然品位不凡，赶快抓住机会，一饱眼福吧。

NO.12

漫步汉江赏烟花，盘浦大桥看喷泉

但凡经常旅游的人，对城市中的江景恐怕早有见识，两岸高楼林立，万家灯火闪烁，江水携着城市的霓虹缓缓流动，繁华浪漫，却又有点雷同。但是汉江却不一样，如果你去走一走，也许会发现另一番景象。

想要感受汉江之美，最佳的地点便是在汝矣岛。汝矣岛是汉江上的一个小岛，是韩国金融政治舆论中心，也是韩国地价最贵的地方。这样一个地方一定是高楼林立，连棵树都不让随便种吧。可是到了汝矣岛，一切却和想象不太一样，这里开满了樱花，长达10公里的樱花大道非常壮观。汉江边最好的位置，竟是一片原生态的沿江公园——汝矣岛公园。公园非常大，绿草茵茵，水波徐徐。蜿蜒的自行车道上，人们悠闲地踩着单车；广场的喷水池旁，小孩子快乐地踩着水花；大大的草坪一直延伸到江边，每年烟花节期间，各地来看烟花的人，在草坪上支满五颜六色的小帐篷，很是热闹。

这里白天是市民休闲放松的场所，夜晚则变成了年轻人享受浪漫的舞台。江两岸的灯光一点点亮起来了，原本有些杂乱的建筑群顿时生出一种和谐的美感。灯光赋予空间更多层次，白天被忽略掉的沿江公路，此时像两条发光的巨龙，伸展着，移动着。

这时就应该跳上一艘漂亮的游船，顺流而下，来一场汉江夜游。 在游船的终点，一条巨大的水帘从天而降，赤橙黄绿青蓝紫，七彩的灯光照在喷射的水帘上，宛如巨大的彩虹从

天上倾泻下来。喷水的节奏配合着音乐和灯光的变化，真是一场极致的视觉享受。这就是著名的盘浦月光彩虹喷泉。喷泉长达570米，巨大的喷头沿着大桥一路排开，每分钟可以喷射出190吨的水量，至今还保持着全世界最长喷水桥的吉尼斯世界纪录。

去汉江边走一走吧，来欣赏灯火辉煌的浪漫，来细品百花绽放的芳香。

KOREA
2017.03

NO.13

探访首尔心脏光化门广场

光化门广场既是首尔的心脏，也是首尔的标志之一。这里是韩剧中最喜爱的穿越场景，在《仁显王后的男人》中，男主池贤宇就曾淡定自若地骑着马在光华门广场上乱跑，朴宝剑更是穿上王世子古装混搭墨镜，在光化门广场大跳“广场舞”。

光化门广场背靠美丽雄伟的北汉山和古建筑群景福宫，世宗大王和李舜臣将军的铜像，一前一后高高竖立在广场上，守候着在此嬉戏的市民们。在铜像处观望广场左右，两旁是沿着朝鲜时代六曹街流淌的水路，东侧水路的617个磐

石上铭刻了朝鲜时代的主要历史，而西侧水路的磐石仍是空白，是为未来预留的空间，是韩国人民对未来的美好憧憬。

NO.14

去外岛散散心，进入童话世界

“我有一所房子，面朝大海，春暖花开。”海子诗中勾画的美好生活让无数人心生向往，但这种诗一般的生活，又有几人可以得到呢？

在韩国巨济这个地方，有一个人做到了，他在无意中撞入了一个与世隔绝的小岛，盖起了一座房子，又用30年的辛勤守候，将这里变成了一座漂浮着的海上庄园，一座隔绝俗尘的童话世界。这个人叫李昌浩，这座岛便是外岛（Botania）。

外岛并不大，却种植着3000多种植物，这些植物被精心照顾，被修剪得极其精致。岛主还大开脑洞，根据不同植物的形态特点，将它们排列组合起来。有的树像蘑菇似的顶着一个蓬蓬头，有的一圈圈叠上去像个绿色大汉堡，有的像火焰一样向上蹿着，顶部被拉得又尖又长，还有形态各异的仙人掌点缀其间，真是一场植物的狂欢，异想的盛宴！

外岛的景点很多，仙人掌乐园、竹林路、第一全景展望台、雕塑公园、第二爱之丘展望台、天国的阶梯、防波堤/许愿灯塔，是不是光听着名字就已经很是向往了？在众多景点中，一定不能错过维纳斯公园，公园小巧精致，低矮的灌木浓密又整齐，十二座维纳斯雕像点缀其中，花园的尽头是一条由罗马柱支撑着的望海长廊，天高云阔，海风徐徐，真是无比惬意。出了花园的正门，便是一座红顶白墙地中海式洋房，是不是有些眼熟呢？没错，这便是《冬季恋歌》的最后一集民亨和友珍重逢的地方，碧海蓝天下千言万语化作深情一吻，将唯美的韩式浪漫永远定格在外岛童话世界中。

NO.15

在雪岳山，
体验最刺激的滑雪运动

在韩国的冬天，怎能不玩雪呢？在“千里冰封，万里雪飘”的雪岳山，一边欣赏雄伟巍峨的雪山，一边体验惊险刺激的滑雪运动，再来一场放松舒爽的雪景温泉，这样的冬季才算圆满。

雪岳山位于韩国江原道束草市，面朝日本海，坐镇太白山脉。主峰大青峰，海拔1708米。这里山峰陡峭，怪石嶙峋，积雪长年不化；飞流清泉，松柏参天，四季景色各异。既可享受攀登崖壁的刺激，又可信步野游获得亲近自然的快乐，最重要的这里拥有东北亚最好的滑雪场——阿尔卑斯滑雪场。

从11月到次年的3月都是滑雪季，这里的雪质优良，积雪量多，迷人的欧式建筑，让整个滑雪场看起来别具一格，仿佛置身遥远的瑞士雪场。31条雪道，顺着山势一字排列，像一条条白色的巨蟒，冲下山坡，十分壮观。登上山顶可以眺望到开阔的日本海，

顺势而下便是刺激的滑雪坡道，滑雪板运动起来，如飞盘一般速度极快，两边的树木被快速拉长，还没来得及辨认就闪到身后了，看着还很远的一个弯道，眨眼之间就飞转而过，一切都模糊了，只有“嗖嗖嗖”的风声和“怦怦怦”狂跳不止的心脏声。

在紧张刺激的运动之后，于一天结束之际，泡一泡著名的五色温泉，浸没在42摄氏度的药浴温泉之中，舒展着全身的筋骨，没有比这更惬意的了！

NO.16

不一样的“三八线”

纵观世界各国，像韩国朝鲜这样一刀切地划分国界非常少见。这种不合理的背后是权力集团的巨大对抗，是民族分裂的深深伤痛，更是骨肉分离亲人离散的集体悲剧。

“三八线”位于朝鲜半岛上北纬38度附近，这是一条最特别的国界线，是用铁丝网围成的“和平地带”，由于当年双方签署的是“停战协议”而非“终战协议”，这也意味着朝鲜半岛仍处于战争状态。都说和平是战争的间隙，去到“三八线”，也许你会对战争对和平产生新的认识，毕竟现代繁华的首尔离“战争”也不过短短50公里的距离。

每年来“三八线”的人很多，有的人被历史吸引，想要了解最真实的战争故事；有的人热爱军事，追求荷枪实弹的对抗气氛；有的人好奇心重，忍不住去窥探铁网背后的隐秘朝鲜。当然也有人是为风景而来，为了那横穿半岛的无人区，它是人类的禁地，却成了鸟类的天堂。在这片不被打扰的土地上有森林、湿地、山脉、河流、海岸，成批的鸟儿来这里筑巢，大量的动物在这里繁衍，曾经在半岛消失了30多年的丹顶鹤，竟然成群地徜徉在“三八线”的沼泽里。

在“三八线”的两端，人类还在制造着苦难，而动物们却找到了通往自由的天堂。

NO.17

坐小火车去正东津看日出

日出哪里都有，有人认为旅游中特意去看日出很矫情，可是事实却是，很多人至今都分不清所住的城市东边在哪里，更别提特意早起看日出了。看日出虽然与景色有关，但更难得的是那份闲适无忧的心境，是没有早高峰、例会和黑眼圈的明媚清晨体验。而这些正是旅行为人们提供的。

在《千与千寻》的异想世界里，积水成海，有火车行驶在大海之上的神奇景象。而在韩国正东津这个地方，有一

列行驶在碧海白沙上的火车，乘着这辆列车，你将会看到韩国最绚烂的海上日出。

正东津原本是一个既无茶舍亦无旅馆的小渔村，安静地坐落在东海边，1962年这里铺设了第一条铁路。生性浪漫的韩国人，将铁路铺在了离大海只有十几米的沙滩上，火车穿行其中，仿佛行驶在碧海之上，奇幻又壮观。为了让游客更深切地感受这辆海洋之列，火车内外被喷成了淡蓝色，彩绘的大鱼乘着海浪在车顶自由地游玩着，无数个气泡在车窗两边不断上升，在行李架两边聚集着。车内的座椅也被调成面朝窗外大海的方向，眼前是一望无际的大海，脚下是飞驰的列车，心儿仿佛插上了翅膀，自由地飞翔着。

KOREA
2017.03

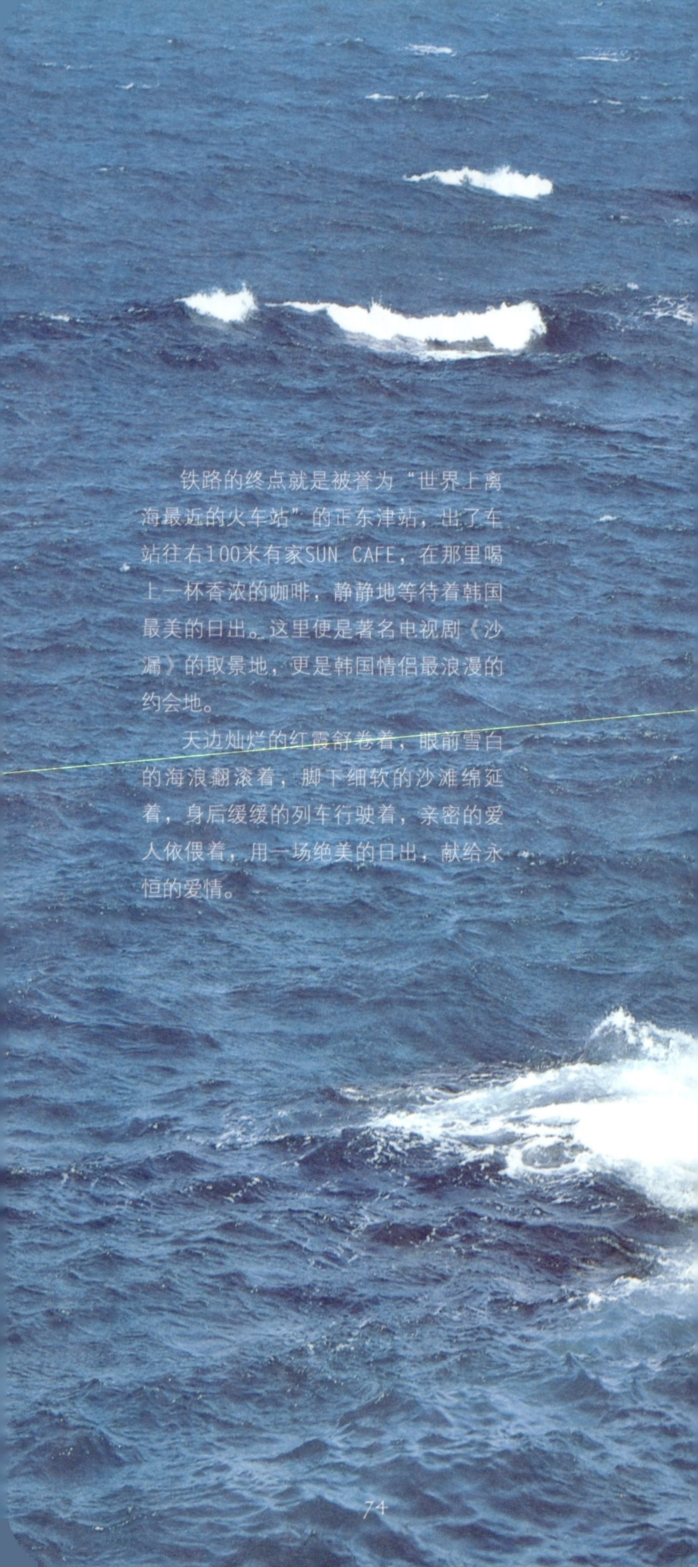

铁路的终点就是被誉为“世界上离海最近的火车站”的正东津站，出了车站往右100米有家SUN CAFE，在那里喝上一杯香浓的咖啡，静静地等待着韩国最美的日出。这里便是著名电视剧《沙漏》的取景地，更是韩国情侣最浪漫的约会地。

天边灿烂的红霞舒卷着，眼前雪白的海浪翻滚着，脚下细软的沙滩绵延着，身后缓缓的列车行驶着，亲密的爱人依偎着，用一场绝美的日出，献给永恒的爱情。

RESTAURANT

NO.18

小法国村感受可爱的韩国

看过《小王子》的人都知道，这个超凡脱俗的孩子，住在一颗只比自己大一丁点的小行星上。

有一天，他正在周游世界的时候，发现了一个小巧可爱的有着法式风格的村庄，于是他飞了下来，用浓烈的红橙黄绿为墙壁涂上色彩，让原本单调的房子，变得像是从童话故事中飞出来的一样。他又用魔幻的画笔在墙壁上画下旅途的故事，他画下了自己被白鸽拉着飞翔时的画面，画下了那只陪伴他的狐狸，那个孤独的点灯人和傲慢的国王，

可是他最喜欢的还是自己在小星球上坐着小板凳观看夕阳的那幅。这个小村庄是多么有趣呀，小小的房子，迷你的小广场，低矮又圆滚滚的阶梯盘旋着直到村子的最高点，在那里，小王子认识了每一栋房子，他们像戴着红色礼帽的小绅士，在向他点头致敬呢。远处的湖水平静得如镜面一般，而连绵的群山，拉着手组成了一个大大的拥抱。小王子很是喜欢，于是他在房子之间挂满彩旗，拉起彩灯，让点点的星光，照亮这里的夜晚。

小王子又重新布置了每栋房子的装饰，力求还原他记忆中法国家具的样子，在花园里种满了漂亮的花朵，尤其是他最爱的玫瑰。“要是你喜欢一朵花儿，而她在一颗星星上，那你夜里看着星空，就会觉得很美。所有的星星都像开满了花儿”这是他曾经说过的话，于是他要更加努力地种着花，他要将花圃变成星星的海洋，每一颗星上都有他最爱的玫瑰。

小王子忙碌着，快活着，于是这个无人居住的小村庄，成了他的舞台，他叫这里“小法兰西村”。越来越多的人来到这里，都教授来过、千颂伊来过、running man也来过。小王子非常喜欢人们来探望他，不信你看，在村口他正穿着漂亮的及地长袍迎接你们呢！

NO.19

最不一样的购物，
东大门通宵购物无极限

在东大门这个词与时尚挂钩之前，它真的是一个门。东大门原指首尔四大城门之一的兴仁之门，始建于太祖1396年，至今已有几百年的历史。据说此门在古代还有驱鬼的效用，如果“小鬼们”现在到了东大门，当看到购物中心通宵达旦的灯火和如潮水般涌动的人流，估计也不敢轻易去捣乱吧，真怕挤进去，天亮之前都挤不出来。

只有在东大门才能真正体验到通宵购物无极限的疯狂，这里的商店24小时营业，在白天一波接一波的散客大军“扫荡”过后，夜晚11:00到凌晨5:00将迎来批发军团，你将有幸见到服装市场最激烈的抢购与厮杀。新的款式生产、上架、批发、抢购以小时计算，时间在这里真正意味着金钱（是花出去的钱）。为了追求款式的多样性和快速地更迭，这里的店铺选择放弃码数的选择性，服装一律均码。没错，就是均码，这时便显示出韩国裁剪的神奇了，彪悍的东北女人和小巧的江南姑娘在这里可以穿同款同码的衣服，还能都很有范，美其名曰“韩范”。

虽然疯狂购物买买买，被人诟病，但是这个过程中体会到的爽爽爽是无与伦比的。看着成千上万件商品，不是简单的眼花缭乱可以形容的。如果你还抱着货比三家的想法，那么累断腿也可能两手空空。东大门绝对是治疗纠结症的好地方，因为你终究会认清一个事实，你的选择是无限的，但是你的荷包是有限的。

帮朋友代购，给父母带高丽参，给老公来一件欧巴同款，最重要的自己还要添些换季衣服，囤上至少可以用3年的化妆品，眼看着带来的空皮箱已经塞满，还是趁自己累断手脚之前，赶快结账走人回去睡觉吧！

NO.20

亲历快乐之旅，维瓦尔第公园水上乐园

韩国这个多山且三面环海的国家，有的是丛林海滩，却独独缺少了广袤的沙漠。

可是客观条件怎么能阻止韩国人民的想象力呢？即使没有撒哈拉，也要造一座超级大的人造“绿洲”——维瓦尔第水上乐园。

维瓦尔第水上乐园是位于江源道洪川郡八峰山的人造水上乐园，整个乐园的灵感来源于“埃及沙漠绿洲”。而乐园规模完全配得上绿洲的称号，整体规模有14个足球场那么大，可同时容纳18000人。园内巨大的狮身人面像和金字塔造型的建筑随处可见，整个园区充满了异域风情，仿佛古墓中吹来的一阵神秘妖风。在广阔的沙漠中，将大地烤

得火热的太阳的热量和透心凉的池水形成鲜明的对比，给人更加痛快淋漓的感觉。

当然不管你是海滨浴场，还是沙漠绿洲，只要有水的地方，都是孩子们的天堂。一个个小短腿抖起来，一串串银铃笑响起来。面对各种刺激水上游戏的诱惑，孩子们既兴奋又胆怯，央求着爸爸妈妈陪着玩。这时候是显示老爸老妈神威的最佳时候啦，什么长达300米的激流勇进、高2.4米的冲浪游戏、惊险的家庭皮划艇游，有老爸老妈在都不是问题。

一起经历危险的体验，将一家人的情绪点燃，让一家人的心凝聚在一起，几轮游戏下来，留下的是可以陪伴宝贝一生的美好记忆。

KOREA
2017.03

资讯微焦镜

首尔购物全攻略

1 高丽参

吃过韩式美味参鸡汤后，那辛辣浓烈的高丽参的味道一定令你难以忘怀。高丽参以其优良的品质和益智健脑、生津安神、大补元气等功效深受人们喜爱。高丽参价格较高，多为精品礼盒包装，是送长辈的佳品。如果感觉没必要买人参，可以在各大超市找找“人参糖”，味道和功效也很好，也是不错的选择。

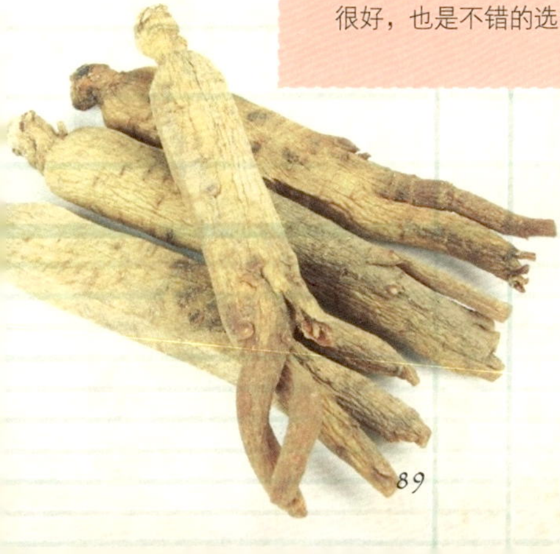

2 化妆品

来到韩国怎么能不买化妆品呢？韩国化妆品品牌众多，INNISFREE 、THE FACE SHOP、MISSHA、ETUDE HOUSE、SKIN FOOD、LANEIEG都有性价比超高的产品，同时相较于欧美品牌，韩国化妆品很适合亚洲人的肤质，在控油保湿方面尤为出色，买化妆品时还能拿到巨多的试用小样哦！

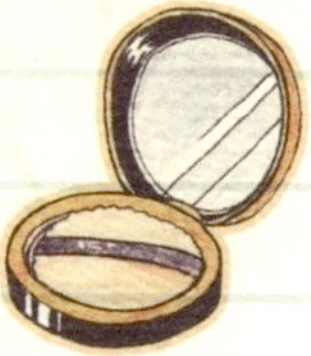

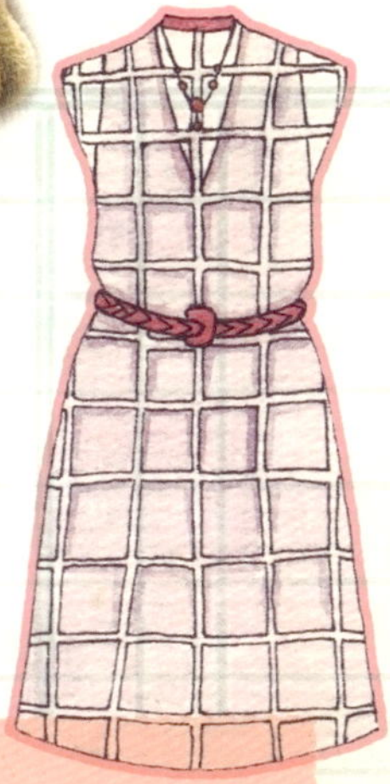

3 衣服

对于潮男潮女来说，质量优良设计时尚的韩版时装自然是要买的。明洞、东大门、弘大、梨大、新村都是年轻人首选的购物圣地，不用刻意追求品牌，4万左右韩元就能淘到非常满意的衣服。此外运动鞋和棒球帽也深受国内游客欢迎，买衣服时注意看清标签，标有Made in Korea的才是本土货哦。

100g
¥110
季節限定
くき大根

4 泡菜

泡菜是韩国餐餐必备的发酵食品，用大白菜、小黄瓜、白萝卜腌制而成的泡菜，是韩国最具代表性的发酵食品。泡菜属于低油脂、低盐分的食物，且富含乳酸菌和各种氨基酸，在其功效被科学验证之后，更是受到各国游客的喜爱。

5 韩式辣椒酱

韩式辣椒酱是韩国料理最主要的味觉体验，无论是吃烤肉、拌饭还是炒年糕，都需要它作为料理之基底。韩式辣椒酱呈现红色的，辣味独特，味道香醇，既开胃又有营养。

6 香蕉牛奶

被少女时代、李敏镐、金宇彬等众多明星代言过的香蕉牛奶，在韩国可以说是国民饮料，也是韩国人童年最甜美的回忆。它口感香甜，外形看起来很像韩国腌泡菜的坛子，非常可爱。现在市场上有很多香蕉牛奶的品牌，但最正宗的还要数“宾格瑞(Binggrae)”这个品牌。

7 济州干玉鲷

干玉鲷是非常好吃的特产，以深水里的新鲜玉鲷为原料精心加工而成，蒸煮煎烤都很不错，在各大超市都可以买到。

8 电子产品

虽然国外买电子产品面临保修和电压等问题，但是仍阻止不了游客在韩国买电子产品的热情，一方面是汇率差造成非常有吸引力的差价，另一方面三星、LG等本土品牌价格要比在中国低10%左右。购买电子产品可以去龙山（Mecca）和新道林（Techno Mart），它们是首尔最有名的两大电子购物中心。

9 不锈钢食具

韩剧中出镜率很高的不锈钢食具，俨然成为韩国饮食生活的象征。韩式不锈钢食具做工优良，雕花独特，再配之绣有韩国传统图案的锦袋，既实用又漂亮，是馈赠亲朋最温馨的礼物。

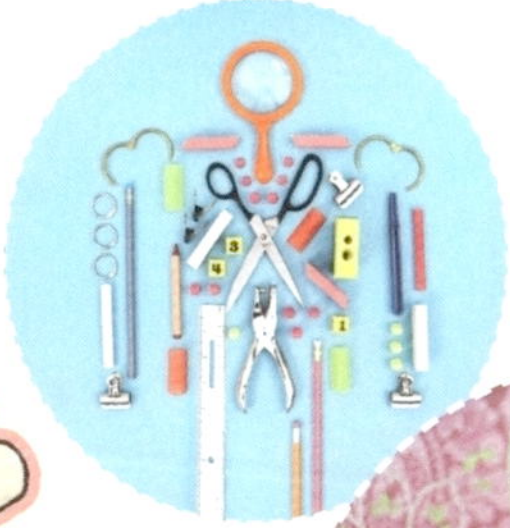

10 文具

文具控们在韩国一定会非常开心，韩国文具设计感十足，并且颜色绚丽，非常呆萌可爱，女生们见了又要买买买了。韩国还有很多走可爱路线的文具店，如，LINE FRIENDS、SOMSSI、1300K、YOUK SHIMWON等，游览其中仿佛发现了一个充满宝藏的新大陆。

潮流地标——明洞

明洞是首尔最著名的商业区，更是首尔最繁华的地段，日流动人数高达100万人，是名副其实的购物天堂。明洞几乎每家店都有会中文的导购，在大型购物节期间更是大街小巷挂起“欢迎中国游客”的横幅，场面非常壮观。

营业时间：11:00—24:00（具体营业时间各店家情况略有不同）

到达交通：乘坐首尔地铁2号线，在乙支路入口站下车，从5号出口出来，需要10分钟左右，或者乘坐地铁4号线，在明洞站下车，从5、6、7、8号出口出来，需要5分钟。

stead Coffee
최가을
헤어드레서
Choi gaeul
www.choigaeul.com
solb
솔브
www.solb.co.kr
네일아트
ネイルアート
PRINCESS NAIL
스낵전문점
명화당
SINCE 1980
2F
명화당
스낵전문점
김치찌개
고기주는 냉면집
On AIR
HAIR
vianni
VIPS
SINCE 1997
명동3호점
할매
4,500원
청바지전문샵
DENIM STORE
OMBRE
헤어
TONYMOLY
속눈
GOSIX
On AIR
HAIR
전문 메이크업 아티스트의
완벽 메이크업 스타일링
CLUB CLIO

萌物集散地
——弘大、梨大、新村

弘大、梨大、新村绝对是年轻人的天下，在这里你可以看到全韩国最漂亮的美女，最潮流的造型，可以淘到各种萌萌的饰品，可爱的文具，特色小店非常多，不重样不撞款还物美价廉。

营业时间：10：30—22：00

到达交通：地铁2号线弘大站；地铁2号线梨大站；地铁2号线新村站。

疯狂不夜城——东大门

对于经常登上淘宝爆款榜的韩国东大门服饰，大家一定不陌生，东大门是韩国规模最大的服装批发零售聚集地，这里有最新潮的服饰、最流行的面料、最独特的设计，这里是时尚的诞生地，是最疯狂的购物不夜城。

营业时间：10:00—次日05:00（周一休息）

到达交通：地铁2号线东大门历史文化公园站1号出口，步行8分钟；地铁4号线东大门站7号出口，步行5分钟。

感受传统魅力——仁寺洞

如果你想感受韩国传统文化的魅力，带一些特色纪念品，那么来仁寺洞绝对是最好的选择。仁寺洞不仅有各种古玩字画、陶瓷制品、手工艺品以及非常有特色的街头小吃，最重要的是还可以看到很多免费的传统表演哦！

到达交通：地铁1号线钟阁站3号出口出来，步行3分钟，或地铁3号线安国站6号出口出来，步行1分钟。

大牌一条街
——狎鸥亭、清潭洞

巴黎有香榭丽舍，意大利有米兰，而在韩国，有狎鸥亭和清潭洞两大时尚街区。这里是韩国最繁华的地区，是江南富人们最爱的购物天堂，时尚前卫、典雅极致、充满艺术气息的店铺随处可见，几乎所有世界一线品牌在这里都设有门店，是增长见识和提升品位的最佳去处。

省钱必备——免税店

出国旅游，免税店是绝对要去的，只需凭护照、机票或船票就可以享受到免税的诱人价格，让人怎能不心动。韩国比较知名的免税店有“乐天免税店（롯데면세점）”“新罗免税店（신라면세점）”“AK免税店（AK면세점）”“东和免税店（동화면세점）”“华克山庄免税店”。

打折情报站

六七月来韩国的人有福了，因为你将遇上韩国规模最大的“首尔夏季购物节”，直白点翻译就是打折季。在这两个月将有92家企业参与优惠活动，涵盖了首尔市的免税店、百货店、大型购物中心等等，据说最狠折扣有3折这么多，连景福宫、昌德宫(后苑除外)、昌庆宫、德寿宫这些景点也跟着凑热闹，免费游玩，门票钱统统免费，就是这么任性。

当然如果你碰巧不是这两个月份来，那也不要灰心，首尔有一个非常神奇的地方“折扣商场-OUTLET”，在这里你可以用最优惠的价格买到最超值的宝贝，这里不仅汇集全球各大品牌，并且一年四季每天都有折扣！记得要认准以下几家OUTLET：乐天折扣购物中心(롯데아울렛)、MARIO折扣购物中心(마리오아울렛)、坡州名牌折扣购物中心(파주프리미엄아울렛)。

退税攻略

想要在韩国扫货的朋友，绝对要了解韩国的退税政策。在韩国只要是在非免税店的店铺购物，会被征收10%的附加税。这部分税金是直接包含在商品价格中的，只对本国人征税，在韩国购物的外国人购买商品时暂时支付附加税，事后可在机场或市区退税所按退税流程进行退税（附加税、个别消费税）。

1) 哪些人可以退税?

在韩国停留不超过6个月的外国游客。

2) 哪里购物可以退税?

在贴有 TAX FREE（免税）或TAX REFUND（退税）的商店，最低消费3万韩元，即可向店员索取退税单。韩国目前共有五家退税公司，分别是Global Blue TAX FREE、Global TAX FREE、Cube Refund、Easy Tax Refund及KT tourist reward。可退税商店和退税单上均标有可获得退税的公司，请注意，只能在相应的退税公司退税，建议提前加以确认。

3) 在机场退税所内退税

以仁川国际机场退税流程为例：

办理登机手续时只换取登机牌，不要托运行李。

在海关检查台向工作人员出示所购商品和退税单，经确认后加盖“物品出境（ALL GOODS EXPORTED）”图章。退税金额不足75000韩元时，通过自动退税机（KIOSK）进行退税可以省去海关检查和盖章的步骤。但机场系统有时会出现为未处理的状况，请留意。

在大型物品专用柜台托运行李并接受出境审查。

完成出境审查后，前往相应的退税柜台（24、41 Gate），出示退税单和护照即可领取税金。

通过其他机场或港口出境时，退税方法类似，可能稍有不同，一定要当场仔细确认。

4) 在市区退税所内退税

在位于市中心的退税处出示所购买的商品、退税单据、护照、信用卡，现场就可以领回税金。但在此时会先刷信用卡以进行与退税金额相同的预取金，所以记得离开韩国前去机场海关检验处确认购买物品和交回退税单据，然后才会取消预取金。

Tips

自2016年1月1日起，韩国开始实行“及时退税制度”，游客在可退税商店里购物时可直接针对扣除消费税(附加税、个别消费税)的剩余金额进行结账即可，但目前这种退税制度主要在外国游客较多的百货店、超市等场所进行试运营，大家在购物时可提前询问店员是否可直接进行现场退税。

韩国美食时光

24小时便利店，美食多多

在韩剧中，经常可以看到男女主角深夜在便利店里泡一碗辛拉面，或者叮一盒炒年糕的场景。整个画面充满温馨，一点没有独自一人吃泡面的凄凉，不禁佩服韩剧，连便利店的速食都可以拍得让人垂涎三尺。韩国便利店非常多，也非常方便，常见的有CU、7-11、GS25、MINI STOP等，基本上都是24小时营业，几乎所有的便利店都有速食服务，在便利店一石二鸟的DIY吃法也非常流行，比如“辣烤鸡炒面(불닭볶음면)+奶酪(치즈)+三角饭团(삼각김밥)”，将泡面泡好后加入三角饭团和奶酪，然后用微波炉叮一下，就成了一碗神奇的拌饭啦！还有“刨冰+牛奶”“爆米花+啤酒”“雪碧+烤鸡蛋”等各种神奇的组合，在韩国一定要亲自试一试哦！

韩国梦幻甜品之旅

众所周知，韩国人非常喜欢吃甜品，并且将自己无限的创造热情都融入到甜品的制作中，爱吃甜品的朋友，要是到韩国不一一品尝，岂不是亏大本了吗？在梨泰院有Swi:t B，弘大有Majo & Sady、Snow Spoon Cafe、CaFACE，到明洞一定不能错过Milky Bee玫瑰冰激凌、还有著名的Hollys Coffee等等，几乎每一处商圈都有几家美味又可爱的店铺，大家细心寻找以求来一场甜品的盛宴吧。

各种街头美食汇总

韩国的街头小吃非常多，小吃虽在街头，但是并不黑暗。摆小摊的无论是卷着发的韩国阿祖妈（阿姨），还是穿着时尚的帅欧巴，都非常注重食物的卫生，从用油加工再到包装，都非常用心，很多小吃更是反复出现在韩剧和韩综里面，曝光率相当高呢。推荐小吃：炒年糕、炒米肠、旋风土豆、大便烧、鱼饼串、薯条热狗、煮蚕蛹、天妇罗、韩式烤肉、拐杖冰淇淋等。

首尔最具特色的咖啡店

韩国人对咖啡的爱，从韩剧韩综的高曝光率中可以看出来，从街上走几米就有一个咖啡店的密集程度可以看出来，从种类繁多造型可爱的咖啡出品中也可以看得出来。除了星巴克等国际连锁店外，韩国本土咖啡店都非常有特色，如：Coffee Bay、Coffee Smith、Hollys Coffee等。而明星投资经营的咖啡店也比比皆是，如金在中的JHOLIC咖啡店、河正宇的Café Fantagio、苏志燮经营的A TWOSOME PLACE by 51K、金光修的Coffee Page One、还有SJ成员（利特、晟敏、圭贤）的妈妈们联合开的KONA BEANS COFFEE。

邂逅明星的餐厅

去首尔，怎能不撞星？去明星喜欢出没的餐厅，既能享受美食又邂逅偶像，绝对是一举两得的美事。韩国明星餐厅非常多，有综艺界一哥姜虎东的姜虎东白丁店，《Running Man》中搞笑艺人HAHA开的401烤猪肉店、实力派演员金秀路开的MANGO SIX咖啡店、“不老男神”裴勇俊开的Gorilla in the Kitchen、宋承宪经营的意大利餐厅blacksmith，还有人气偶像金贤重的金贤重鱼叉炸鸡等等。赶快拿起本子记下吧，记得提早去踩点哦！

一说起韩国料理，总有一大波熟悉的食物浮现在脑海，什么外焦里嫩的韩式烤肉、配上冰啤酒的炸鸡、浓香四溢的大酱汤、香软黏糯的炒年糕、辛辣的泡菜、清凉爽口的韩式冷面、参味浓郁的参鸡汤，让人忍不住直咽口水，恨不得立刻来上一口，就连韩剧男主在便利店随便泡的一碗辛拉面，都会让人念念不忘。

韩国料理有着阴阳五行的思想，即将“咸、甜、酸、苦、辣”五味和“红、绿、白、黑、黄”五色融入菜肴，更以少油腻、多辛辣、摆盘精致深受广大女性喜爱。

1 超级韩式烤肉

苏子叶抹上韩式辣酱，放上尖椒圈、大蒜瓣、大葱丝、泡菜，卷上滋滋冒油的肥牛，一起送入口中，香而不腻，牛肉筋道十足，汁水四溢，混合着苏子叶和辅料的清香，再加上丝丝的辣味，让整个蓓蕾为之绽放。烤肉在韩国是“国民美食”，又因其吃法独特，参与度高，让整个就餐环境充满欢乐。在韩国的烤肉店，经常可以看到亲朋好友围坐一桌，香气腾腾，一边大快朵颐，一边高谈阔论，好不快活。

拌饭 2

韩国拌饭可以说是颜色最丰满的美食了，红色的辣椒酱、绿色的小青瓜、橙黄的胡萝卜、白白水嫩的豆芽、墨绿的海苔丝，再配上煎炒得香香的牛肉丝，将上述配菜切丝按颜色置于碗中，下面是牛排汤蒸出的米饭，上面盖上漂亮的糖心煎蛋，一碗色香味俱全的拌饭就出锅啦，而且还少油少盐非常健康哦！

3 冷面

冷面看似简单，只是把面煮好，再配上盐、醋、酱油等调料，再加上番茄、黄瓜等青菜作为伴菜，最后配上熟鸡蛋和泡菜。但是同样的调料和食材，中国大多数韩餐馆都配不出韩国冷面那个味道。其实冷面是非常有讲究的食物，对面的选择，煮面的火候，还有最重要的面汤的制作，要求都非常高，环环相扣，差一环味道就变了。冷面的精髓在汤，盐、醋、酱油的比例都非常有讲究，有些餐馆甚至将调出的冷面汤作为秘方进行售卖呢。

4 炸鸡和啤酒

炸鸡和啤酒能成为广为人知的韩式美食，一定要感谢女神“千颂伊”。在被人们知道之前，价格便宜、出品优良的韩国炸鸡一直是市民阶层首选聚会美食，每到星期五晚上，大街小巷的炸鸡店都是人满为患。啃着香酥的炸鸡，配着爽口的啤酒，让整个周五晚上都充满了轻松和幸福的味道。

5

炸酱面和海鲜汤

如果你对炸酱面的认识还停留在面条上面加上炸酱料的层面，那你一定要来韩国拓展一下自己对炸酱面的认识。在著名的韩综《Running Man》中，有一期竟吃了“锤子炸酱面”“红炸酱面”“白炸酱面”“炸酱面片”“铁板炸酱面”，一共五种炸酱面，再配上鲜鲜的海鲜汤，真是十足的享受呀。到韩国一定要跟着Running Man的足迹去品尝一下哦。

6 韩式部队火锅

韩国最有特色火锅要数部队火锅了，单从名字就可以看出，部队火锅和军队有着某种关系。部队火锅起源于朝鲜战争后，当时由于物资短缺，韩国居民将美军基地内剩余的香肠、罐装火腿及午餐肉搭配韩式辣椒酱汤底，制作成了好吃又方便的部队火锅。现在部队火锅往往还会加入辛拉面、年糕和芝士等，让味道更加美味。

7 牛骨汤

“雪浓汤”就是韩国的牛骨汤，在韩国菜中是少数清淡的菜色，但是味道绝对一流。汤底是用牛的头、腿、骨头、内脏经过长时间熬煮才变成乳白色的，边熬制边把汤的油脂移除，所以喝到的汤清淡不油腻，味道却非常浓郁，吃的时候只要把白饭倒下去拌匀，就可以食用了！

参鸡汤

在韩国要想吃到最正宗的参鸡汤，那一定要去景福宫附近的“土俗村参鸡汤”店。店铺是传统木制韩屋，里面是一个小小的四合院，非常有特色。这里的参鸡汤料足味正，鸡肉爽滑鲜嫩，参味十足。鸡肚子里面包着糯米，糯米中间包着一条粗粗的高丽参，真材实料，非常好吃。由于店铺过于火爆，建议至少预留1个小时去排队等位。

9 韩定食

在韩国吃韩定食，既满足眼福口福，又是拍照晒美食的最佳选择。大大小小的食盘摆满了整个饭桌，食盘盛着各色菜品，由生菜、熟菜、烧烤类、酱类、煎类、酱果类、干餐、鱼酱类、生鱼片、片肉(猪肉)等种类组成，摆盘精致、花样百出、做工考究、配色鲜美，真是光看着就已经垂涎三尺了。

咖啡

韩国有很多非常有特色的咖啡店，一个个装饰漂亮富有创意的咖啡店，早已经成为韩国人的重要社交场所。在大街小巷的咖啡店里，一杯咖啡的售价一般在4000至6000韩元之间（3.55~5.32美元）。让我们一起在咖啡的香浓味道中，享受首尔浪漫的都市生活吧!

1. Hello Kitty Cafe

Recomman：Hello Kitty 主题咖啡拉花，Hello Kitty 蛋糕

Location：弘大店、惠化站店和新村店

2. ZOO COFFEE

Recomman：动物主题装修，可爱的动物造型咖啡杯

Location：明洞

3. The Designer Museum café aA

Recomman：这家店是集合了设计与咖啡于一身的博物馆，店里摆放着从世界各地搜罗来的家具，非常有特点

Location：地铁上水站附近

4. CHOCOLAT YUM

Recomman：充满童话色彩的手造甜点店，可

4

以买到造型各异的曲奇、朱古力、糖果蛋糕等

Location：弘大

5. MANGO SIX CAFE

Recomman：韩剧《绅士的品格》的重要景点，店内出售以新鲜芒果为主要原料的甜品，可以算是“韩版许留山”

Location：地铁新沙站附近

6. 咖啡王子1号店

Recomman：《咖啡王子1号店》电视剧取景地，可以看到粉丝们的各种留言

Location：弘大

7. 金在中JHOLIC咖啡店

Recomman：店内不仅有各种美味的饮品以及甜品出售，还有很多周边产品出售，甚至有金在中写给粉丝的亲笔信呢

Location：明洞

除了特色咖啡店，还有很多知名的本土连锁品牌，如Caffe Bene、Angel-In-Us、Tom N Toms、Twosome Place等，在韩国大街小巷非常容易找到它们。

韩国人对甜品的爱已经到了无以复加的程度了，在一顿韩式烤肉或者部队火锅之后，来上一口清凉又甜滋滋的甜品，真是幸福感爆棚。韩国甜品店非常多，大街小巷很容易找到，特色小店一定不容错过。韩国甜品不仅好看，还有很多奇特造型的甜品，一路拍下来，绝对让你朋友圈逼格满满。

甜品

1. Remicon

Recomman：独特乌云棉花糖造型的冰淇淋

Location：东大门

2. TOM N TOMS COFFEE

Recomman：抹茶红豆牛奶冰、蜜糖吐司

Location：各大商圈均有连锁店

3. YELLOW CAFE

Recomman：韩国著名香蕉牛奶制成的冰淇淋

Location：东大门

4. Frank's

Recomman：彩虹蛋糕

Location：梨泰院

5. Swit.B

Recomman：宠物造型雪糕

Location：梨泰院

6. 雪冰

Recomman：以如雪一样口感细腻，入口即化的冰沙闻名

Location：明洞

7. Cafe de paris

Recomman：Bong Bong沙冰

Location：新沙洞

烤肉

1. 姜虎东白丁

Recomman：精品五花肉、果酱豚肉

Location：明洞

2. 王妃家

Recomman：精猪排定食、辣拌面、凉拌葱丝

Location：忠武路

3. 黑豚家

Recomman：炭烤济州黑猪肉

Location：江南站、明洞、汝矣岛

4. 八色烤肉

Recomman：有高丽参烤肉、韩国传统烤肉、红酒烤肉、松叶烤肉、草本植物烤肉、咖喱烤肉、大酱烤肉、韩式辣椒酱烤肉八种口味

Location：明洞、江南站

5. 拿铁的家伙

Recomman：自创韩式小烤箱烤肉

Location：明洞、江南站

韩定食

韩定食是独具韩国特色的传统菜肴组合，它继承了朝鲜时代的宫廷料理，以全州韩定食最为有名。坐在古色古香的传统韩屋中，品尝韩定食，一边学习韩国餐桌礼节，一边体会真正韩国菜的精髓，体会菜肴传递出来的历史文化古韵，吃到的不仅是食物，更是一种传承了数百年的文化和情意。

1. 明洞亭

Recomman：酱蟹、炒鱿鱼、炖排骨、调味牛肉、烤鱼、时令生鱼片、九节坂等

Location：明洞

2. nuRi韩定食

Recomman：烤马鲛鱼、调味牛肉、五谷饭、酱熬菜、泡菜、宫廷便当、五味子茶

Location：仁寺洞

3. 茶啖

Recomman：石锅包肉定食、王牌料理茶啖三合、莲花九折板

Location：清潭洞

4. 进士宅

Recomman：店主的祖先曾考取朝鲜时代的进士，因此店内的每一道美食都传承着韩定食的传统做法，延续着数百年前的原汁原味

Location：明洞

본가

韩国小吃

1. 紫菜包饭：紫菜包饭是一种常见的韩式小吃，鲜味十足的海带、紫菜包裹着香喷喷的米饭，再夹上火腿、泡菜、黄瓜、腌萝卜等食材，香糯可口非常好吃。

2. 辣炒年糕：韩剧中出镜率最高的小吃，炒年糕用辣椒酱、糖、葱、水翻炒而成，吃起来辣辣甜甜的，非常有嚼劲。

3. 鱼板串：香辣的汤底，刷上爽滑的鱼板，一串一串既好吃又方便。

4. 血肠：重口味韩式小吃，在猪肠内放上粉条、豆腐、蔬菜等，然后蒸熟，蘸着酱汁非常好吃。

5. 旋风土豆：将一只土豆完整地削成一圈圈的土豆片，然后用木签串上，过油炸，撒上椒盐等调料，香酥可口。

6. 鲷鱼烧：脆脆的鲷鱼型外皮，包裹上甜蜜蜜的红豆馅，在炭火上烘烤得香酥，这便是韩国非常具有代表性的小吃鲷鱼烧。

7.煮蚕蛹：卖相有点吓人，但是味道超级好，富含优质蛋白，更是韩国妹子拿来养颜的美食之一哦。

特色饭店

土谷村参鸡汤：土谷村参鸡汤店已经快成为一个景点了，每天慕名前来品尝的人在店门口排起了长队，基本上都要等上半个小时以上才能拿到号。不过能吃上韩国最正宗的参鸡汤，等一会也是值得的了。

Location：首尔特别市钟路区紫霞门路5街5

神仙雪浓汤：24小时营业的韩国人气雪浓汤连锁店，在韩国有30多家分店，韩剧《灿烂的遗产》曾在店里取景。“神仙雪浓汤”店的雪浓汤是用带骨头的牛肉熬制24小时而成，粘稠、清淡中又透着香浓，不伤胃，老人小孩都适宜。

Location：首尔特别市中区明洞2街2-2

kkanbu chicken炸鸡店：非常好吃的炸鸡店连锁店，推荐脱骨脆皮炸鸡。

Location：弘大、明洞

首尔游玩路线

经典路线

Day1：景福宫—韩国国立民俗博物馆—光华门广场—韩国最大的书店KYOBO—清溪川

Day2：乐天世界—梨花女大—东大门—明洞

Day3：仁寺洞—北村韩屋村—三清洞—N首尔塔

Day4：青瓦台—梨泰院—梨泰院汗蒸幕

Day5：新沙洞—狎鸥亭—清潭洞—汝矣岛汉江公园—汉江夜游

Day6：南怡岛—小法兰西

Day7：三八线一日游:板门店—临津阁公园—非武装地带DMZ展馆—第三隧道—坡州精品outlet

全韩游玩路线

如果想在十几天之内将韩国玩个遍，可以选择KTX+飞机的方式，经典路线是从首尔出发，坐KTX到庆州，然后坐KTX到釜山，最后从釜山坐飞机到济州。

首尔—庆州—釜山—济州

首尔：景福宫、北村韩屋村、明洞、青瓦台、三清洞、汉江夜游、东大门、梨花女子大学

庆州：佛国寺、石窟庵、 大陵苑、瞻星台、半月城、金庾信将军陵墓、国立庆州博物馆、雁鸭池

釜山：海云台、甘川洞文化艺术村、龙头山公园、影岛太宗台游园地、扎嘎其市场

济州：牛岛、城山日出峰、山君不离、龙石岩、柱状节理、泰迪熊博物馆

济州经典必去景点

1．济州东部游览（济州市区出发—牛岛—城山日出峰—城邑民俗村—山君不离）

牛岛：《人鱼公主》《触不到的恋人》取景地，油菜花田，牛岛博物馆，牛岛展望楼和灯塔，飞扬岛，仙石，Tocani海岸

城山日出峰：海上日出、海女表演、油菜花田、火山喷发地貌

城邑民俗村：碾子、高平五家屋、高相殷家屋、堤坝、旌义县客舍、银杏树与朴树、日观轩、李英淑家屋、旌义乡校、韩奉一家屋

山君不离火山口：《蓝色生死恋》取景地、长达2km的火山口、紫芒田

2．济州中部游览（汉拿山—济州性爱主题公园）

汉拿山：沿汉拿山山坡登山共有6条路线，分别是御里牧路线（6.8km/3h）、灵室路线（5.8km/2.5h）、城板岳路线（9.6km/4.5h）、观音寺路线（8.7km/5h）、顿乃克路线（7km/3.5h）、御乘生岳路线（1.3km/30min）

济州性爱主题公园：室内美术馆（白鹿美术馆）、艺术品商店、礼品店、露天咖啡厅、户外公演场

3. 济州北部游览（龙头岩—黑猪肉一条街—汉拿树木园）

龙头岩：海女海底作业的场面、海景、海上日落

黑猪肉一条街：吃到最地道的济州岛特色黑土猪

汉拿树木园：观赏珍奇树木、体验不同生态地貌

4. 济州南部游览（hello kitty主题乐园—柱状节理—独立岩—天地渊瀑布—泰迪熊博物馆）

hello kitty主题乐园：Hello Kitty House、Kitty历史馆、Kitty的家和Kitty的学校

柱状节理：非常壮观的柱状节理岩石景观

独立岩：独立岩展望台、散步路

天地渊瀑布：观赏天地渊瀑布

泰迪熊博物馆：许愿树、野生动物乐园、户外咖啡厅、阁楼咖啡屋、熊游乐园、新心泰迪熊、泰迪熊杂技秀、白雪公主和7个矮小人之家、三熊之家、童话世界

300
城市°
文量指南
김해국제공항
대한민국 KOREA 2017
KOREA
2018·03
韩国旅本

KOREA

釜山

2016.12

釜山是韩国第二大城市，更是一座欢快的港口。往来各国的贸易船只在这里逗留，带着各自不同的文化和饮食口味，为这个城市增添了不少国际化因素。

绵延的群山、银色的海滩、舒适的温泉和超级好吃的海鲜是釜山的四大招牌，也是组成釜山迷人风景的核心要素。每年到了六七月份，从日本海吹来的海风，轻拂着釜山的海岸线，为原本炎热的季节送来了阵阵清凉，也成就了釜山避暑胜地的美名。这时海云台2公里长的银滩上，遍地撑开着五颜六色的太阳伞，像一排排小蘑菇热闹可爱。还有摩托艇、风帆冲浪、超豪华游艇观光等多种运动项目可供体验。大型的歌舞表演每天都有好几场，嬉戏的人群更是直到深夜才恋恋不舍地离开。

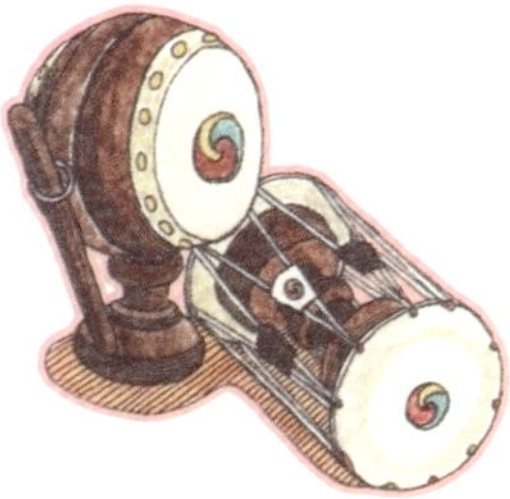

正在向国际海洋都市发展的釜山，最热闹的地方要数光复洞和PIFF（釜山国际电影节）广场了。如果你是电影发烧友，那绝对不容错过这里，在PIFF广场布满了各种电影海报和纪念手印装饰。著名的星光大道上，各大影视明星的手印一路排开，看着一个个熟悉的名字，忍不住将自己的手按在偶像的手印上，让满满的幸福感填满心房。

如果你想登高远望一览釜山的风采，那么一定要走一走迎月路。这是一条由“爱情之路”“浪漫之路”“友谊之路”“思索之路”和“回忆小路”五大主题漫步道构成的小路，道路两旁种满了樱花和松树，茂盛的树枝在头顶相交，撑起了一条蜿蜒的樱花长棚。长达8千米的兜风路线更是俯瞰海云台的最佳地点，每逢正月十五，明亮的月光照在广阔的海面，波光粼粼，好一幅“海上生明月”的浪漫图景。

釜山还是一个吃海鲜的好去处，这里有韩国历史上最悠久规模最大的扎嘎其水产市场。种类繁多的水产品，加上韩国独特的海鲜烹饪法，绝对让你大饱口福。著名的海鲜开胃菜，生吞蠕动着的活小章鱼可是餐前必备的特色。即使你吃前已经做了很多心理准备，但是边咀嚼边被章鱼吸住了舌头的触觉体验，和抵挡不住的鲜美口味，绝对会成为这趟旅行最刺激印象最深刻的记忆。

景点推荐

1. 梵鱼寺
2. 金井山城堡
3. 海云台
4. 广安海滩
5. 冬柏公园
6. 太宗台
7. 南浦洞
8. 星光大道
9. 甘村文化村
10. 五六岛天空步道

KOREA

江原道

2016.12

江原道绝对是韩国最浪漫的地区，无论是冬季的恋歌，蓝色的恋曲，秘密花园中的怦然心动，还是来自星星的一吻定情，亦或是柳大尉雨夜的深情表白，在江原道绝美的布景下都显得更加如梦如幻，使得无数萌动的春心，忍不住要在这山水之间荡漾起来。

江原道在韩国的东北部，在壮丽的山水之间，这里是首尔人最爱的休假之地，只需3~6个小时的车程，说走就走不是梦。将繁华的城市轻轻地甩到身后，朝着江陵的海滩，朝着雪岳山的红枫，朝着阿尔卑西亚的滑雪场出发吧。在这里生活是另一种节奏，走进大山，听树叶沙沙，溪水潺潺，感受自然的律动；漫步海滩，看霞鸥齐飞，潮起潮落，让大海带走所有的悲伤。

在江陵有韩国最热闹的端午祭，这是韩国历史最悠久保存最完整的端午庆祝活动，包含官奴假面舞、荡秋千、角力、农乐比赛大会、农谣高唱大会等许多民俗活动，每年都有大量游客前来庆祝端午。在这里你可以感受源远流长的历史，体味原汁原味的民俗，在异域的文化中找回丢失的仪式感。

到了冬季，平昌滑雪场便热闹起来了，这里是2018年冬季奥运会的主会场。江原道的人们用自己家乡的特产，创造出30多道色香味俱全的美食，来招待远方的游客和运动员们。有烧鳟鱼制成的鳟鱼米饭，有盛满鲍鱼的海鲜石锅，还有香味俱佳的沙参与猪肉组合。

江原道是一个既适合抒情，又适合疗伤的地方；这里浪漫得像梦，壮阔得如远古的世界。无论是身体还是心灵，都能得到彻底的放松，忍不住欢喜起来……

景点推荐

1. 春川
2. 束草
3. 雪岳山国立公园
4. 江陵
5. 阿尔卑西亚滑雪度假村
6. 五台山国立公园
7. 三陟
8. 太白山道立公园
9. 雉岳山国立公园
10. 平昌龙平度假村滑雪场

忠清南道地处韩国中西部，相对于首尔、釜山、济州这类知名景点而言，忠清南道则显得有些小众了。小众有小众的好，这里可以帮你避开节庆人流的高峰，享受清净悠闲的时光，在群山之中，静静地和历史对话。

不同于其他地区多山的地形，忠清南道依托着平原的地形，自成一派田园风光。这里有百济

王朝的古都，在公州和扶余至今仍保留着数量惊人的古堡、墓穴、传统韩屋和历史遗迹，游历其中，时间仿佛都被放慢了。袖珍的锦山是高丽参的产业中心，在这里你可以学到很多与人参有关的知识，还可以体验亲手采摘人参的乐趣。

每年7月，大川海水浴场都会举办为期9天的保宁泥浆节。在保宁泥浆节，迎接你的是一场狂欢盛宴。人们在这里卸掉华丽的外装，回归本真的自我，释放久积的压力，全心投入到疯狂的泥浆大战中。而主办方也想尽办法让游客玩得happy，除了大型泥浆池，还有泥浆摔跤、泥浆滑板、泥浆滑梯、泥浆帆船等多种刺激有趣的活动，还有泥滩超人训练、泥滩马拉松大会、溜泥浆等强互动的比赛。很多人也许对浑身挂满泥浆心存疑虑，担心卫生问题，但保宁的泥浆选自海边优质泥土，富含有利于人体的远红外线，不仅很卫生，还有美容等功效呢。

离开忠清南道的热烈，向北走便是忠清北道了，这里是静心冥想的好去处，吸引了大批佛学爱好者和藏书家。这里有现存世界上最古老的金属活体字本，自1377年印制至今已有600多年的历史了。深藏于山谷之中的救仁寺，殿宇众多，建筑精美，两侧陡峭的山坡植被密布，十分壮观。这里每月开放两次寺庙住宿，是学习佛法体验清净生活的绝好去处。

景点推荐

忠清南道

1. 大田
2. 鸡龙山国立公园
3. 公州
4. 扶余
5. 保宁
6. 大川海水浴场
7. 插矢岛
8. 泰安海岸国立公园

忠清北道

1. 清州及周边
2. 俗离山国立公园
3. 忠州
4. 月岳山国立公园
5. 丹阳
6. 小白山国立公园

KOREA

全罗南道

2016.12

无论在哪个国家，总有那么一两个地方饮食文化特别丰富，在韩国全罗南道便是这样的地方。

独特的地理气候特点，让这里农产品尤为丰富，东部高耸入云的小白山脉，蕴藏着无数山珍野味；西部宽广的平原成就了韩国粮米之乡；西南部长达6100公里的海岸线，为全罗南道提供着源源不断的海鲜，紫菜、牡蛎，虾和鲭尤为有名。

很少有一个地方的饮食可以融合高山、平原和大海这么多种来源食材元素，但是全罗南道做到了。从产自平原的各种蔬菜、谷物，到山岳地带出产的各种山珍野菜，再到大海里捕捞上来的最新鲜海产品，用韩国独有的烹饪方法，制作成50多种小菜，满满地摆齐一桌，既好看又好吃，令人垂涎欲滴，余味无穷。如此丰富新鲜的食材，为美食的诞生提供了无限可能，而悠久的历史，让这里的饮食文化从古至今不断演化，更沉淀了丰富的味觉体验。

除了好吃，还有各种好玩的庆典，在全罗南道你可以去光州泡菜节，体验传统古法炮制韩式泡菜的乐趣，也可以去潭阳的饮食文化节，品尝各种当地特色饮食。酒足饭饱之后，各种观光玩乐走起吧。第一站要去顺天，在乐安邑城民俗村，一个个像蘑菇一样可爱的茅草屋，心花怒放；还有美得让人窒息的顺天湾，看芦苇荡漾，芦花纷飞，听各种珍稀的鸟类“聊天斗嘴”。在古朴的康津小城，一边欣赏光滑透明的青瓷，一边DIY一个自己的陶瓷纪念品也是不错的体验哦！而丽水的世博会公园里，人气很高的Big show喷水秀，在炎热的夏季为你送上阵阵清凉。

在全罗南道还有一个神奇的地方，在那里你可以体验到走进韩剧的感觉。这个有趣的地方就是顺天电视剧拍摄地，整个影视城游客较少，也很少见景区工作人员，仿佛进入空城一般。一个个小房子顺着山坡建造起来，院落里所有生活物品一应俱全，在山脚下是城镇的布景，有电影院、商店和理发店，店铺招牌和街道装饰，显示着浓浓的上个世纪80年代的风格，非常复古，随手一拍都是电视剧海报的味道。在这里拍摄的电视剧有《爱情与野心》《伊甸园之东》《光和影》《巨人》《面包王金卓求》《感激时代》和电影《狼在远方》《狼族少年》《那年夏天》等人气作品，电视剧海报随处可见，闲逛其中，非常有趣。

这就是全罗南道，好吃又好玩，于味蕾之中体会着满足，于山水之间消磨着闲暇。

景点推荐

1. 光州
2. 曹溪山道立公园
3. 丽水
4. 康津
5. 莞岛
6. 木浦
7. 顺水

KOREA

全罗北道

2016.12

如果说哪样美食可以代表韩国，除了泡菜外，可以担当此名的便数全州拌饭了。古城全州是被称为“韩国米仓”的全罗北道的首府，在这片肥沃的土地上有韩国最好的稻米，也成就了全州拌饭美味的基础。由米饭、肉类和各种蔬菜组成的拌饭，在韩国不计其数的餐馆均有供应，但是味蕾挑剔的职业吃货们，仍然不会放过任何一个来全州品尝正宗拌饭的机会。

在全州，除了能吃到最正宗的拌饭，在一年一度的全州拌饭节上，你还有机会根据自己的口味DIY符合自己喜好的拌饭。每年来参加拌饭节的外国游客，都能DIY出各种奇特的拌饭。主办方更是热衷于倒腾各种巨型拌饭，这种巨型拌饭有一个小型的儿童泳池那么大，20多人共同搅拌，场面非常壮观。在拌饭节上还有各种料理比赛，看着超级大厨们做出的一道道美食，简直快要让口水泛滥了。

除了拌饭，在全罗北道还有很多历史非常悠久的美食。如有着100年历史的全州豆芽菜汤泡饭，不仅好吃还是减轻宿醉的常用料理。在全罗北道你还可以喝到韩国历史最悠久的马格利酒，这是一种由糯米、麦等蒸后加入酵母与水发酵而成的酒，在韩国非常有名。

除了品尝美味，全罗北道还是户外运动爱好者的天堂，温和一些的有徒步、爬山，喜欢刺激的可以试试攀岩，或者挑战一下架在大芚山两峰之间摇摇欲坠的缆桥。全罗北道还有韩国最出名的天主教圣地——致命者山，山顶岩壁上修有天主教圣堂，这里是静思冥想的好去处。

首尔到全州只需两个半小时，足以让你远离城市，抛开烦恼，完全沉浸在原始的自然美景之中。

景点推荐

1. 全州
2. 锦山寺和母岳山道立公园
3. 大芚山道立公园
4. 群山和仙游岛
5. 边上半岛国立公园
6. 茂朱滑雪度假村
7. 内藏山国立公园

若要完整地感受韩国的历史厚重与现代的繁华，探寻人文特色与地理美景，那么庆尚南道是最佳的选择。

你可以在海云台、巨济岛或者统营欣赏绝美的海景，大快朵颐鲜美的海鲜；还可以静听古寺钟鸣，这里有供奉着释迦牟尼真身舍利的通度寺，还有保藏着世界文化遗传“八万大藏经”的海印寺；若要登高远望，山间徒步，可以选择迦智山道立公园和智异山国立公园两大自然景区，数座海拔1500米以上的山峰等着你去攀登。

在庆南，可以玩的地方非常多，以釜山为起点，高速网络连通巨济岛、统营、晋州、昌原、金海、河东郡等众多景区和城市。交通的便利为整个旅行大大加分，让美景不再遥远，轻松切换。

在庆南每年都有许多庆典活动，非常热闹。在昌原韩国最具代表性的樱花庆典“镇海军港祭”上，伴着军乐团的震撼演奏，巨

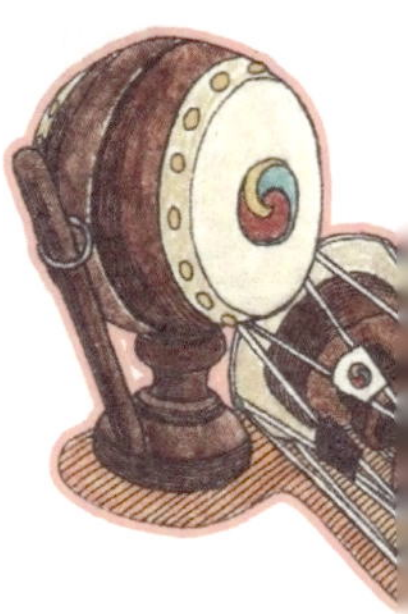

大的烟花在海上绽放，将最美的樱花祭写入你的记忆深处；在晋州城历史悠久的“晋州南江流灯庆典”上，无数的流灯将古河照亮，纪念那些在战争中阵亡的将士和平民，也温暖着你这颗远方游客的心。在河东郡“野生茶文化庆典”上，你能喝到最上等的好茶，在沏水泡茶的细节里，你体味到了什么才是优雅的生活。

庆南是韩国非常发达的地区之一，是韩国著名的工业和制造业地区。其中机械制造业和船舶制造业非常发达，在韩国前十的船舶制造工厂中，其中有四家就位于庆南。这里还是韩国尖端科技的摇篮，航空航天事业非常发达，占韩国该领域生产总值的82%。在庆南，一边享受便利的现代生活设施，一边见识最前沿的高新科技，科技带来的力量让人惊叹，对未来又多了一份憧憬。

最古朴的生活，最现代的城市，最大型的庆典，最地道的美食，在庆尚南道，遇见最美的韩国。

景点推荐

1. 迦智山道立公园
2. 巨济岛
3. 统营
4. 晋州
5. 智异山国立公园
6. 南海岛

整个庆尚北道就像一个天然的韩国历史文化博物馆，无论是新罗王朝的佛教文化，还是朝鲜的儒教文化，在经历岁月的洗刷和战火的纷扰之后，居然被完整地保存了下来。更让人称赞的是，这里的人们可以抵挡住发展的诱惑和现代生活的膨胀，在古迹之间，发展出了一种现代和古典和谐共处的生活方式。

在庆北比较有代表性的景点之一便是河回的民俗村，这里就保留着这种古朴的生活。河回的民俗村曾因伊丽莎白女王的造访而声名大振，背山临水的独特自然景观更是开发旅游度假的优势条件。可是这里并没有过度的开发，村子里竟见不到任何的商业痕迹，仍然是泥墙草棚朴实淡

雅，而在村里生活的人们也都是过着“采菊东篱下，悠然见南山”的平静生活。每逢周三、周六和周日村里有假面舞表演，都是原汁原味的本色出演，非常有特色。

在庆北有一个非常有名的庆典不容错过，那就是“安东假面舞会”。在每年的10月份，来自世界各地的面具爱好者和盛装打扮的舞蹈团齐聚安东，他们载歌载舞，戴着造型各异的面具，演绎着古老或现代的故事。主要借助各种假面，通过和尚的破戒行为等，讽刺和揭露统治阶级的虚伪性、当时社会的不公平以及人民生活的哀苦。

河回的假面舞可以追溯到几个世纪前，那时这种舞蹈主要用于祭神仪式，源于驱魔、祈求丰收、安宁等生活诉求。在韩国有一种说法，生前没有看到过假面舞的人，死后不能升入天堂，足见假面舞在韩国的地位。

看完了假面表演，还有非常壮观热闹的狂欢游行，无论你是游客、演员、工作人员还是当地居民，是韩国人、美国人、中国人还是欧洲人，统统戴上假面，点着火把，唱着歌跳着舞，在安东的大街小巷穿行起来。人们忘记了身份，抛开了国籍，通过人类最原始的方式，享受到最纯粹的快乐。真应了那句话“只有民族的才是世界的”。

韩国人深知“过犹不及”的道理，面对古迹能保持一颗平常心态，没有戒备森严的距离感，和谐共处，为古迹增添了生活的温度。面对商业的诱惑，也没有过度开发，没有千篇一律的假民俗假表演，都是原汁原味的文化传承。这就是庆尚北道的可爱之处，轻松自然，古朴优雅。

景点推荐

1. 大邱
2. 庆州
3. 浦项
4. 郁陵岛
5. 安东
6. 河回民俗村
7. 清凉山道立公园
8. 周王山国立公园

KOREA

济州岛

2016.12

如果要统计韩国哪里中国人最多，那么除了首尔，便是济州岛了。济州岛以其优美的自然风光，热带风情的旅游资源和超给力的免签政策，吸引了大批中国游客。

明明是人家韩国的度假胜地，现在搞得仿佛是中国的后花园似的。不过岛上居民倒是很喜欢这样，非常热情好客，还会很体贴地准备中文标识和欢迎横幅，有条件的酒店和商店更是配备了数量庞大的懂中文的服务人员。所以来到济州岛，完全不用担心语言的问题，也没有初到异国的窘迫和压力，可以安心享受美景美食，说走就走，潇洒自在。

济州岛四季分明，各具特色。春天，岛上到处都是黄灿灿的油菜花；到了冬天，则是雪白的童话世界；而秋天，遍野的紫芒花随风摇摆，像一片金色的海洋，浪漫极了；夏天的济州岛是避暑的胜地，清凉的海风吹走了所有烦忧，让人无比轻松自在。

济州岛除了优美的风景之外，还有非常独特的民俗文化。在济州民俗村博物馆里，是了解济州的历史和传统文化生活的好去处。在这里从奇特构造的房屋到琐碎的生活用具，应有尽有，不仅可以看，还可以亲身体验，所有的器物都是新鲜的，所有的体验都是特别的，这种进入陌生生活神奇的体验，会让很多人久久难忘，成为济州之行最特别的记忆。

济州岛非常支持博物馆建设，岛上大大小小博物馆有很多，除了民俗村博物馆还有济州健康与性博物馆、雪绿茶博物馆、泰迪熊博物馆、爱来魔4D艺术馆、冰雕体验馆等等非常有趣的博物馆可以参观。

近年来济州岛上掀起了一轮投资热，这座韩国小岛也成了国内地产商争相注资的海外热盘。观光旅游的同时，顺便看看在售的海景别墅花园洋房，憧憬一下未来“面朝大海，春暖花开”的生活也是不错的。

景点推荐

1. 城山日出峰
2. 济州泰迪熊博物馆
3. 牛岛
4. 汉拿山
5. 城邑民俗村
6. 西归浦
7. 山房山和龙头海岸
8. 翰林

出行实用资讯

行前 /

护照： 持中国护照的游客在济州岛可以免签证停留30天，去韩国其他地方需要提前办理韩国签证。

语言： 韩语、英语

手机： 韩国使用CDMA数字标准，GSM制式的手机在韩国不能使用。可以在机场或网上租赁手机，也可以持本人护照和银联卡或信用卡在柜台直接办理租借手续。

随身WIFI： 出发前租一个随身WIFI是一个非常不错的选择，这样在韩国时可以随时随地查资料看攻略，更重要的是可以将照片第一时间发布到朋友圈。

转换插座： 韩国电压和国内是一样，但是插头不一样。

重要号码： 韩国国家区号（82）、国际直拨号（001）、急救和火警（119）、警察（112）、旅游信息（1330）按4可以接通汉语服务，提供365天每天24小时服务。

衣着： 韩国四季分明，冬季气温会到零下，要备上羽绒服和保暖的衣服；夏季凉爽，短袖短裤短裙皆可，注意防晒；春秋早晚气温低要穿长袖衣裤，中午气温适中。韩国属于多山地形，首尔很多街区都依山坡而建，备一双舒适的鞋子是个不错的选择。

到达： 可选择仁川机场和金浦机场，从仁川机场到首尔可以乘坐特快列车（₩13800，43分钟）、通勤列车（₩3850，53分钟）、公共汽车（₩10000，60分钟）、出租车（约₩65000，60分钟）；从金浦机场到首尔特快列车（₩1300，15分钟）、地铁（₩1250，35分钟）、公共汽车（₩5000~₩7000，40分钟）、出租车（₩35000，40分钟）

行中 /

韩币兑换： 在韩国到处都有带银联标识的自动柜员机，大部分商家都接受信用卡，小店铺一般要现金。韩币兑换有两种途径，一种是公认兑换所，一种是韩国民间换钱所，明洞、东大门、梨泰院等景点都有公认兑换店，韩国的民间兑换所，是公开的黑市（在韩国是合法的），很多导游和在韩国工作的外国人都会去这兑换，所以不用担心换到假币的问题。

韩国住宿：在韩国旅游，住宿问题大可不必担心，可选类型非常多，预算充足的可以去享受高端的星级酒店、度假村酒店等，如果想要经济实惠些，可以上网找一些环境好的民宿。韩国一般民宿环境较好，上下铺和单人间均有，可以根据需要选择。住民宿最好玩的是可以认识很多好玩的朋友，互相分享最新鲜的旅游体验。非常有特点的韩屋也值得体验，在古色古香的四合院里，度过一个难忘的夜晚。还可以来一场舒舒服服的汗蒸，在汗蒸房过夜也是既经济又有趣哦。

韩国交通：韩国交通非常方便，首尔地铁线路发达，基本去哪里都可以坐地铁，到韩国先办一张Tmoney卡，可以刷地铁、巴士和出租车。如果要到其他城市游玩，坐KTX就可以了，目前韩国为外国人推出了一种可在指定期间内不限次数乘坐KTX和一般火车的KORAIL PASS通票，实惠又方便。

韩国上网：首尔的无线网络发达，Free WIFI很容易找到，机场、商场、酒店、咖啡馆、餐馆一般都支持WIFI，应急时可以去蹭网。在韩国上网，有三种方式选择，可以购买

sim预付卡，上网通话一齐办理；也可以租用egg，egg相当个无线路由，可支持3台智能手机、电脑同时连无线网络，很方便，比较推荐。也可以租一台本地手机，上网和电话一齐解决，提前上网预约好，一下飞机即可在机场拿到手机。

韩国问路： 在韩国问路网上有很多办法，也有要记各种韩文的，其实在首尔最简单的一句Hello，Excuse me，再配合一张地图就够了。如果到了偏远一点的地方，可以提前预备几句问路的韩语，如：请问（말 좀 물읍시다，mal jom mul eupsida），我迷路了（길을 잃었습니다，gireul ireotseumnida），劳驾，卫生间在哪儿？（실례지만，화장실이 어디에 있나요? sillyejiman hwajangsiri eodie innayo）。实在记不住，就记在手机上，到时候拿给指路人看，最重要的你要可以清晰地表明自己要去的地方，韩语很多发音和中文相似，试着读一读，没准有意外的惊喜呢。

韩国购物：在韩国购物很多地方都配有中文导购，可以找她们详细了解产品详情和退税问题，付款更是方便，银联卡、支付宝、微信都可以付账，而且可以直接返钱到账户，银联卡还有很多活动，付款时留意收银台的信息牌，或者提前咨询中文导购即可。

韩国礼仪：韩国是一个非常注重礼仪的国家，见面会相互鞠躬，与年长者同坐时，坐姿要端正。去韩式餐厅一定要脱鞋，席地盘腿而坐或跪坐在自己的脚底板上，千万注意不能把双腿伸直或叉开，否则会被认为是在侮辱他人。用餐的礼仪和中国差不多，传递和接收物品时最好用双手，为别人斟酒，一定要用右手拿瓶，左手要扶着右手，以示尊重，还有千万记得不要把餐具插在米饭中。

实用韩语小汇

中文	韩语	发音（韩语罗马字）
你好	안녕하세요	annyeonghaseyo
再见	안녕히겨십시오 / 가 십시오	Annyeonghigyeosibsio/ga sibsio
对不起	미안합니다	mianhabnida
谢谢	감사합니다	gamsahabnida
打扰一下 / 不好意思 / 对不起 / 失陪了 / 请问	실려합니다	sillyeohabnida
好	좋습니다	johseubnida
是 / 不是	예 / 아니요	ye/aniyo
请帮个忙	도와주세요	dowajuseyo
多少钱？	얼마입니까	eolmaibnikka
请便宜一点	종깎아주십시오	jong kkakk-ajusibsio
请问，洗手间在哪里？	화장실 이 어디여 있습니까	hwajangsil i eodiye issseubnikka ?
请问，____（地点）在哪里？	** 이 어디에 있습니까	** i eodie issseubnikka
谁	누구	nugu
哪里	어디	eodi
什么时候	언제	eonje
多远 / 多少（指距离或数量）	얼마나	eolmana
洗手间	화장실	hwajangsil

韩文罗马字发音法

【元音 1】

ㅏ a,　ㅑ ya,　ㅓ eo,　ㅕ yeo,　ㅗ o,　ㅛ yo,　ㅜ u,　ㅠ yu,　ㅡ eu.

【元音 2】

ㅐ ae,　ㅔ e,　ㅒ yae,　ㅖ ye,　ㅘ wa,　ㅚ oe,　ㅙ wae,　ㅞ we,　ㅝ wo,　ㅟ wi,　ㅢ ui.

【辅音 1】

ㄱ g,k　ㄴ d,t　ㄷ d,t　ㄹ r,l　ㅁ m　ㅂ b,p　ㅅ s　ㅇ ng　ㅈ j　ㅊ ch　ㅋ k　ㅌ t　ㅍ p　ㅎ h

辅音 2【紧音】

ㄲ kk　ㄸ tt　ㅃ pp　ㅆ ss　ㅉ jj

看着韩文找是由哪些元音辅音组成的，拼成罗马音就可以了。

比如 사랑해요 sa rang hae yo。